국회에서 일하는 사람들

국회의원 임기

보좌진의 직급

4급 보좌관 (2명)

5급 선임비서관 (2명)

6-9급 비서관 (각 1명)

인턴 비서관 (1명)

입법보조원 (1명)

국회의 회기

국회는 일정 기간을 정하여 개회하고 그 기간을 회기라고 한다. 국회가 개회한 기간 동안 국회의 각 상임 위원회에서는 법안 및 예산-결산, 청원 등을 심사한다.

정기국회

매년 9월 1일부터 100일 이내 열리도록 법률로 정하고 있다. 정기국회 기간 동안 국정감사를 실시하며, 연말에는 예산안을 심의, 확정하고 국정에 대한 교섭단체 대표연설과 대정부질문을 실시한다.

임시국회

필요에 따라 열리는 임시국회는 보통 양당의 교섭단체 원내대표가 의원들을 대표해 합의하여 개최한다. 보통 짝수 달(여름 휴가를 걸친 8월은 제외)마다 임시국회가 열리고, 기간은 한 달 이내이다.

대한민국 국회 조직

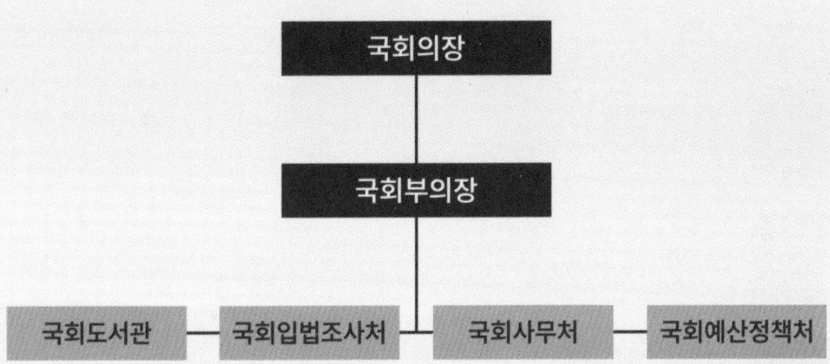

국회운영위원회	법제사법위원회	정무위원회
기획재정위원회	교육위원회	과학기술정보 방송통신위원회
외교통일위원회	국방위원회	행정안전위원회
문화체육관광위원회	농림축산식품 해양수산위원회	산업통상자원 중소벤처기업위원회
보건복지위원회	기후에너지환경노동위원회	국토교통위원회
정보위원회	성평등가족위원회	예산결산특별위원회

연간 국회 업무

월	일정	실무	할 일	비고
1월		• 법안 • 지역구 일정 챙기기	• 법안 발의 • 지역구 활동 계획	보통 국회 일정 없음 휴가 기간
2월	임시회	• 상임위 질의 • 대정부 질문	• 질의서 작성 • 원내대표실 신청	
3월	임시회	• 상임위 질의	• 질의서 작성	
3월	예산	• 지역구 예산 챙기기	• 지역구 예산안을 관련 부처로 전달	예산안 편성지침 기재부>부처 전달 (31일) 부처 내년 예산안 작성 시작
4월	임시회	• 상임위 질의 • 대정부 질문	• 질의서 작성 • 원내대표실 신청	
5월	임시회	• 상임위 질의	• 질의서 작성	
5월	예산	• 지역구 예산 챙기기	• 지역구 예산안 관련 부처 전달 마감(5/31까지)	예산 요구서 부처>기재부 전달
6월	임시회	• 상임위 질의 • 대정부 질문	• 질의서 작성 • 원내대표실 신청	
6월	특별 교부세	• 상반기 배부 (변동가능)	1. 행안부 담당자에게 배부 일정 미리 확인 2. 지자체 담당자에게 특교 예산 신청 확인	일반적으로 상하반기에 지역에 배부

월	구분			
7월		• 지역구 일정 챙기기	• 지역구 활동 기획	여름휴가 기간
8월	임시회	• 상임위 질의	• 질의서 작성	
	예산	• 결산 심의, 의결 완료		
9월	정기회	• 국정 감사 • 대정부 질문	• 질의서 아이템 찾기 • 원내대표실 신청	교섭단체 협의 따라 국정감사 일정 확정

	예산	• 지역구 예산 챙기기	1. 의원실/시구의원/지자체
			  요구 예산 미리 수집
			2. 국회 제출 예산안에 지역구
			  예산 확인
				예산안
				기재부>국회 제출
				(9월 초)

10월	정기회	• 국정 감사	• 질의서 작성, 언론사 컨택 등 국감 준비 완료	

	특별
	교부세
		• 하반기 배부
		  변동 가능
			1. 행안부 담당자에게 배부
			  일정 미리 확인
			2. 지자체 담당자에게 특교
			  예산 신청 확인	

11월	정기회			
	예산	• 예결위 가동 • 지역구 예산 챙기기	•예산이 반영되도록 예결위 소속 의원에게 전달	
12월	홍보	• 의정보고서 제작	• 의원 성과 정리 • 지역구 주소 확보	연말 혹은 연초 발행

대한민국 제22대 국회 원내 구성

2025년 12월 1일 기준

제 22대 국회 2024. 5. 30 ~ 2028. 5. 29.

재적 298석

국회의 결산심의 과정

출처 | 국회예산정책처, 2025 대한민국 재정 중

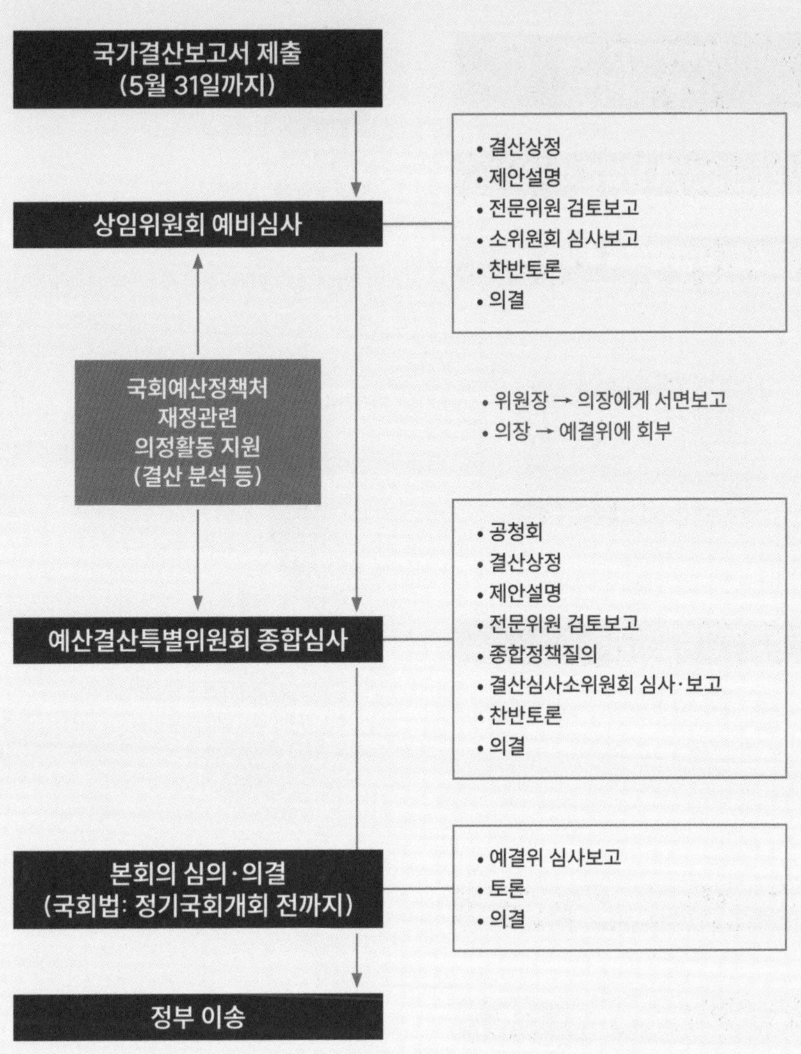

국회의 예산안 심사 절차

출처 | 국회예산정책처, 2025 대한민국 재정 중

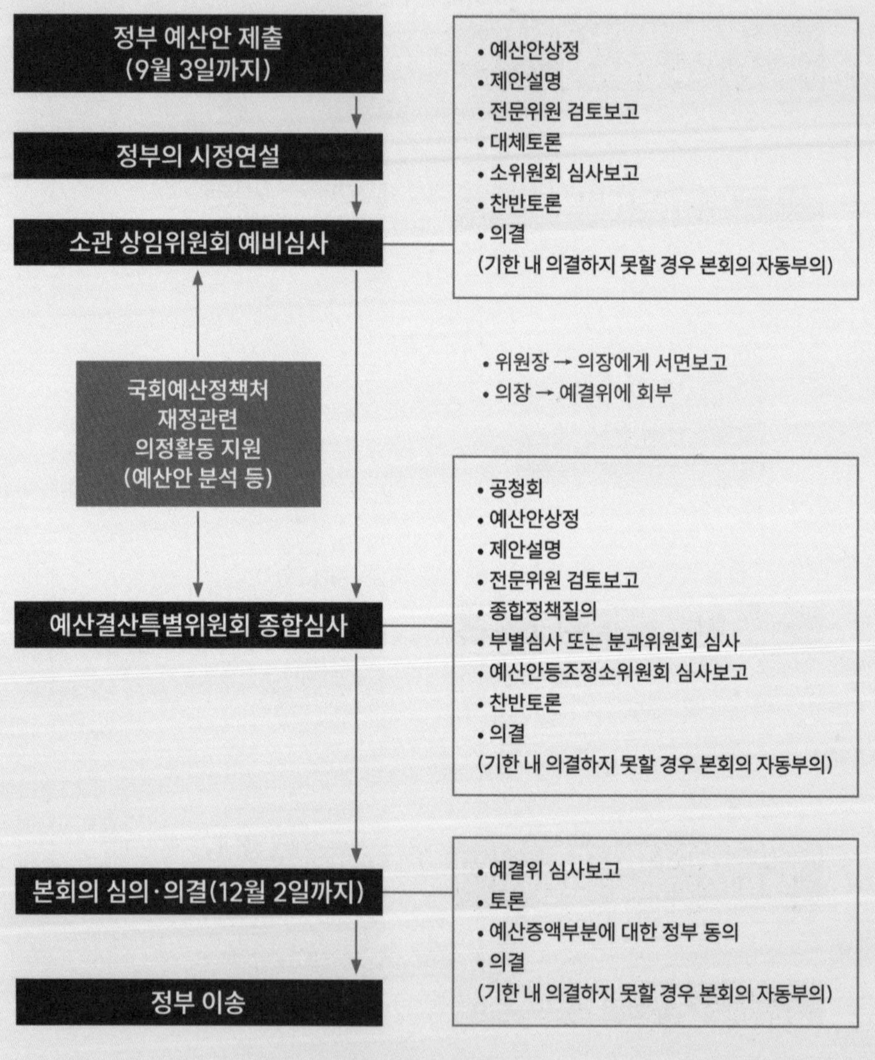

너섬객잔

민주당과 국민의힘, 여당과 야당을
모두 경험한 국회 보좌진이 들려주는
생생한 여의도 정치 현장 이야기

국회에서 오랜 시간을 보낸 사람으로서, 저는 여의도를 하나의 작은
섬처럼 느낀 적이 많습니다.

밖에서는 잘 보이지 않고, 안에 들어와도 쉽게 이해하기 어려운 곳.
저자는 이 특별한 공간을 '너섬객잔'이라는
친근한 이름으로 풀어냈습니다.

이 책에는 국회의 숨은 일상과 보좌진의 솔직한 이야기가
담겨 있습니다. 때로는 웃기고, 때로는 가슴이 아플 만큼
현실적인 이야기들입니다.

저자가 여야를 모두 경험한 보좌진이기에 가능한 깊이와 균형이
자연스럽게 녹아 있습니다. 독자들은 책장을 넘기는 동안,
뉴스에서 보던 국회의 모습 뒤에 이런 사람들이 있었구나 하고
새삼 느끼게 될 것입니다.

무엇보다 마음에 남는 점은, 정치의 치열한 현장에서
흔들리면서도 끝까지 자기 고민을 이어가는 저자의 태도입니다.

국회라는 복잡한 공간 안에서도 따뜻한 마음을 잃지 않으려는
모습이 책 곳곳에서 진하게 전해집니다. 그래서 이 책은
단순한 정치 에세이를 넘어, 한 청년이 성장해가는
이야기이기도 합니다.

저는 많은 분들이 이 책을 통해 국회를 조금 더 가깝게 느끼고,
정치라는 것이 그저 멀고 어려운 세계만은 아니라는 점을
발견하길 바랍니다. 또한 독자 여러분들이 너섬객잔을 통해
대한민국 정치의 희망을 만날 수 있기를 기대합니다.

대한민국헌정회장   정 대 철

들어가며

2022년 10월 19일, 서울중앙지검 반부패수사 3부가 서울 여의도 민주당 중앙당사를 압수수색 하려다가 실패하고 며칠이 지났다.

국회 법제사법위원회가 법무부, 헌법재판소 등을 대상으로 종합감사를 진행하던 날, 한동훈 당시 법무부 장관은 늘 그렇듯 여유로운 얼굴로 민주당 법사위원들의 공세에 맞서고 있었다.

한동훈 장관은 본인이 잘 모르거나 챙겨야 할 민생 문제에 대한 질의가 들어오면 젠틀하게 행동했지만, 야당 의원들에게 배짱을 부려야 할 때에는 도발하듯 의자에 거만하게 기대서 단답형의 성의 없는 대답을 이어갔다.

몇 번의 질의가 이어지다가 정회가 되어 여야 의원들이 각자 회의실에서 쉬고 있을 무렵, 김의겸 의원실 보좌진은 의원의 지시에 따라 준비한 질의서 초안을 다른 민주당 의원들과 보좌진들에게 돌리기 시작했다. 그 유명한 청담동 술자리 관련 질의서였다.

질의서에는 김의겸 의원실이 누군가로부터 제보를 받고 취재해 온 내용과 질의 방향, 윤석열 당시 대통령이 청담동의 한 술집에서 한동훈 장관을 비롯한 김앤장 소속 변호사들과 술을 마시다 건배사를 했다는 등의 자극적인 녹취 내용이 적혀 있었다. 충격적이었다. 동시에 질의서에 대한 팩트체크를 제대로 마쳤을지 의문이 들었다.

순간 TV조선 인턴 기자 시절이 떠올랐다. 사회부 '강남 라인' 근무 시절, 여성 민원인을 추행한 경찰관에 대해 제보를 받았을 때, 파격적이고 자극적인 단독 기사라는 생각으로 관련 당사자들을 물고 늘어졌고, 매체는 일부 내용을 기사화했다. 솔직히 뿌듯했다. 동기 중 인턴으로 단독 기사를 낸 것은 오직 나뿐이었기 때문이다.

추가 기사 송고를 위해 나는 술집에서 해당 경찰관이 그 여성 민원인에게 술을 따라주며 추근거리는 영상까지 확보했다. 팩트체크를 입에 달고 살던 선배의 꾸중과 애정 어린 조언 덕분이었다. 그러나 거기까지였다. 데스크는 추가 기사를 송고하지 않았고, 대중의 관심은 빠르게 사그라들었으며, 내가 생각한 정의 구현은 이루어지지 않았다.

"차라리 이렇게 허무하게 끝날 거라면 정치부가 편하고 좋았던 것을" 나는 사회부에 배속되기 전 잠시 근무했던 정치부가 그리워졌다. 아무 생각 없이 선배들이 지시한 정치인을 마크맨처럼 졸졸 따라다니며 녹취를 따고 기계적으로 속기하여 전달만 하면 끝인 단순 업무였다.

정치부에 있을 때, '정무적'이라는 묘한 형용사로 고개를 갸우뚱거린 적은 많았지만 맡겨진 업무가 단순했기에 깊이 생각해 보지는 않았다. 팩트가 아님에도 자신 있게 발언하는 정치인의 말은 어딘지 기묘했고, 이념과 선·악의 구분은 모호했다.

정치인이 속한 정당 또한 다르지 않았다. 정당은 어디까지나 권력을 쟁취하는 데에만 전력을 쏟았고, 정치인은 한편으로 정당을 위한 일개 수단에 불과한 것 아닌가 하는 회의감도 들었다.

그때 자타공인 정치 9단이라 불리는 박지원 의원실의 한 특보가 내게 해줬던 조언이 떠올랐다.

"너 여의도의 별칭이 뭔지 알아? '너섬'이야. 예전에는 아무짝에도 쓸모없었던 여의도를 두고 '너나 이 쓸모없는 섬을 가지라'는 의미로 '너섬'이라고 불렀지. 그 영향인지 모르겠지만 여의도에는 정치를 포함해서 실체를 가지지 않아도 영향력이 강한 방송이나 금융 산업이 발달했어. 결국 여의도는 모래성같이 허황된 삶이 가득한 곳이니 기회가 생긴다면 다른 곳으로 어서 이직하도록 해."

너섬이라. 그럼 온갖 사람들이 모이는 국회는 일종의 숙박시설 같은 객잔(客棧) 아닌가?

"한동훈 장관, 윤석열 대통령과 김앤장 변호사들과 정말 청담동에서 함께 술자리를 가진 적 없습니까?"

김의겸 의원의 질의에 정신을 차려 다시 현실로 돌아와보니 청담동 술자리 의혹제기 녹취파일이 한창 재생되고 있었다.

녹취를 모두 들은 한동훈 장관은 기다렸다는 듯 "장관직을 포함하여 앞으로 본인이 일할 모든 공직을 걸겠다"며 김의겸 의원에게 "당신은 무엇을 걸겠냐"고 일갈하고 있었다.

'뻔뻔한 놈' 민주당 의원실 소속 보좌진으로 며칠 전 검찰로부터 당사를 지켰던 당시를 상기하며 나는 한동훈 장관이 어떻게 저렇게 당당하게 반박할 수 있는지 의아했다. 진실이야 어떻든 그는 쓰러뜨려야 할 민주당의 적이었고 국민을 속이는 위선자라고 생각했다.

훗날 내가 한동훈 법무부 장관을 국민의힘 당대표로 모시게 될 줄 누가 알았을까?

1부

1. 기자 지망생, 국회의 문을 열다

2016년 여름이었다. 서류와 필기시험, 면접을 거쳐 힘겹게 선발된 TV조선 인턴 기자직은 험난했다.

지금은 어떨지 모르지만, 당시 TV조선 인턴 기자는 본인이 원하는 부서에서 한 달 정도 근무하고, 이후에 필수적으로 사회부에서 한 달을 더 근무해야 한다는 조건이 있었다. 그리고 언론계에서 사회부에 근무한다면 기삿거리를 얻기 위해 인근 경찰에 출입하고 돌아다니는 '사쓰마와리(察回)'를 반드시 해야만 한다.

일반적으로 언론사는 동선을 고려해서 서울에 구역을 정해 기자들을 배치한다. 이렇게 정해진 구역을 '라인'이라고 부르고, 한 '라인'마다 기자들을 돌려서 해당 지역의 경찰서를 맡게 한다.

왜 하필 경찰서를 돌게 할까? 당연히 각 경찰서에는 각 지역의 다양한 사건이 몰리고, 이 사건들이 대한민국을 움직이게 하기 때문이다. 동시에 기자들의 부족한 깡, 배짱을 키우게 하겠다는 의도도 포함하고 있다. 그래서 기자들은 선배님이나 부장님, 경찰서장님이라고 하지 않고 선배, 부장, 서장이라고 호칭한다.

사회 초년생에 불과한 어린 기자가 사회부 소속으로 각 관할에서 근무하는 다양한 배경의 경찰 또는 험악한 용의자들을 상대하다 보면 자연스레 배짱뿐 아니라 '인맥'도 얻게 된다. 물론 선배들이 어떻게 하라고 일일이 가르쳐주지 않는다. 기자 명함이랑 그 매체에서 근무한다는 목걸이만 달랑 넘겨주고 알아서 몇 시간 단위로 선배들에게 기사 아이템을 보고하라는 식이다.

당시 붙임성이 그다지 좋지 못했던 나는 인턴 기자직 합격과는 별개로 '사회부에서 근무하게 되면 어쩌면 좋지'라는 생각에 아찔했지만, 운 좋게(?) 사회부보단 내가 1순위로 희망하던 정치부에서 먼저 근무할 수 있었다.

왜 하필 정치부를 하고 싶었을까. 이유는 간단하다. 인턴 기자들 사이에서 인기가 많고 TV에서 유명한 정치인을 취재원으로 실제 만나 볼 수 있기 때문이었다. 다만 내가 원하는 정당의 정치인을 마음대로 고를 수는 없었다.

보통 정치부는 여당 담당, 야당 담당이 따로 있고 인턴에 불과한 나는 위에서 정해준 대로 야당, 그것도 당시 안철수 의원이 호남에서 '녹색 돌풍'을 일으키며 창당한 초창기 국민의당을 맡게 되었다.

내가 선택한 정치부지만, 당시 나는 정치에 대해 깊게 알지 못했기 때문에 제3당에 불과했던 국민의당이나 소속 정치인에 관한 어떤 기사를 써보고 싶다는 생각이 들지 않았다. 돌이켜보면 대학교 전공인 북한학을 살려 국회 외교통일위원회 관련 기사를 써야 했을까 하는 아쉬움이 남았다.

결국 어떤 아이템을 발제할 것인지 도무지 떠오르지 않아 그 더웠던 여름, 국회 본청 1층에 위치한 기자실의 에어컨 온도가 나라에서 정한 공공기관 설정 온도에서 얼마나 벗어났는지 확인했던 것 같다.

정치부 인턴 기자로서의 처참한 재능(?)을 알아본 선배들 덕분인지 내 업무는 곧 단순해졌다. 국민의당만이 아니라 주요 정치인들을 졸졸 따라다니며 녹음기로 주요 멘트를 녹취하고 그것을 재빠르게 속기하는 것이었다.

'이래도 되나' 싶을 정도로 단순했지만 의외로 그 단순 업무는 제대로 해내기 힘들었다. 정치인들의 발음은 고향, 성별이나 연령에 따라 각양각색이라 알아듣기 어려웠고, 선배들의 요구는 거칠었으며 그럼에도 결과물은 신속하게 내놓아야 했기 때문이다.

동시에 나처럼 취재원이 특별히 없는 인턴 기자들의 역할 중 하나는 '뻗치기'다. 언론계에서는 보통 언론이 특종이나 단독을 얻기 위해 특정 장소에서 특정 인물이 나타날 때까지 무한정 기다리는 행위를 '뻗치기'로 명명한다.

정치부 일정이 거의 마무리될 때 즈음, 나는 이유는 모른 채 선배의 지시에 따라 당시 국민의당 소속이었던 정동영 의원실 앞에서 '뻗치기'를 하고 있었다. 몇 시간을 앉아 있었을까. 정동영 의원실 모 보좌관은 끽해야 인턴 기자가 뭘 그리 열심히 하냐고 물었다.

나는 '인턴이든 뭐든 기자는 기자고, 주어진 일이니까 제 몫을 열심히 해야죠'라고 대답했다.

대답이 마음에 들었던 보좌관은 내게 꼭 기자가 되고 싶은지 이어서 물었다. 그 질문을 골똘히 생각해보니 나는 다른 동기들처럼 언론고시를 치열하게 준비하지도 않았고, 앞으로 꼭 기자가 되고 싶은 것도 아니었다. 지금도 그렇지만 당시도 취업난이 심했기 때문에 정규직이 될 수만 있다면 기자가 아니더라도 좋았던 것이다.

"나중에 이 업계에서 일해보는 게 어때?"

　보좌관은 뻗치기에 진심이었던 인턴 기자의 어디가 마음에 들었던 건지 구체적으로는 모르겠지만 인생 선배랍시고 진심 어린 조언을 이어갔다. 국회 보좌진으로 근무하면 법률을 만들거나 바꿔볼 수 있고, 정부 부처의 부족하거나 잘못된 관행을 바꿀 수도 있다는 점도 덧붙였다.

"국회 보좌진은 모시는 국회의원과 함께 세상을 더 나은 곳으로 바꿀 수 있어."

　'더 나은 세상'이 무엇일지 끝없이 고민했지만 먹고 사는 현실이 다급했던 나는 근무 조건에 더 관심을 두었다. 그는 계속해서 내게 보좌관, 비서관 등의 직급과 급여, 담당 업무 등에 대해 간략하게 설명해줬지만 어디까지나 '별정직' 공무원이라는 점을 강조했다.

　'별정직' 공무원이란 국가공무원법상 신분 및 처우에 관한 사항을 별도로 정하는 특수한 형태의 공무원 중 하나로, 일반직 공무원과 달리 언제든지 직위를 잃을 수 있다. 속된 말로 모시는 의원에 의해 언제든 직장을 잃을 수 있다는 뜻이다.

‘정규직이 아닌데 더 나은 세상이 뭔 소용이람’ 나는 장황하게 설명을 이어가던 보좌관에게 건성으로 ‘고맙다’고 답변하고 몇 시간의 뻗치기를 더 이어갔다. 보좌관은 ‘이것도 인연’이라며 명함을 교환하며 보이지 않는 내일을 기약했다. 그러나 끝내 정동영 의원은 나타나지 않고 정치부 근무는 곧 끝이 났다.

나름 인기 부서라고 생각해서 왔더니 나의 정치부 근무는 실망과 회의의 연속이었다. 어느 정당이건 정치인들은 자기에게 유리한 말만 계속 늘어놓는 것처럼 보였고, 비정규직이나 다름없는 신분으로 그들을 보좌하며 밤낮없이 일하는 보좌진들도 이해할 수 없었다.

‘내가 국회에 직장인으로서 발을 들일 일은 없을 거야.’

그렇게 나는 근거 없는 확신을 갖고 강남 라인으로서 사회부 인턴 기자 근무를 이어갔다.

2년 뒤, 나는 정동영 국회의원을 당대표로 모시며 국회에서 근무하게 된다.

TV조선 2016년 여름 인턴 수료식에서

2. 제3지대, 민주평화당의 추억

제20대 국회의원 선거 당시, 거대 양당에 염증을 느낀 중도층과 호남 홀대론에 설득된 호남 지역민들에 의해 '녹색돌풍' 국민의당은 제3지대 정당으로 우뚝 서게 된다.

총선 이후 국민의당은 캐스팅보트 역할을 해낼 것이라는 기대를 한 몸에 받았다. 그 주인공은 '새정치'를 표방하던 안철수 대표였다. 그러나 국민의당 선거홍보물 제작과 광고 대행을 맡은 업체들로부터 리베이트를 받았다는 의혹으로 도덕성에 상처를 입은 안철수는 지도부에서 사퇴했고, 박근혜-최순실 게이트에서 소극적인 모습을 보인 탓에 국민의당은 침체에 빠지게 된다.

이어서 아직 국민의당에 희망이 남아 있다고 믿던 유권자들마저 등을 돌리게 되는 사건이 연달아 일어났다. 문재인 전 대통령의 아들 문준용 씨 관련 특혜 녹취록을 조작한 제보 조작 사건이 그것이다. 이 사건의 여파로 국민의당은 반등의 기회를 잃고 당 지지율은 바닥을 치게 된다. 이에 따라 국민의당은 기존 지지층

이외 중도적·우파적인 지지층의 지지율이 필요하게 된다.

박근혜-최순실 게이트로 발생한 새누리당 분당을 계기로 개혁 보수를 내걸며 '바른정당'을 창당했던 유승민 등 지도부의 상황도 녹록지 않았다. 제19대 대통령 선거 국면을 계기로 두 차례의 탈당 사태가 발생하자 '원내교섭단체'의 지위를 잃어버린 것. 힘을 잃은 바른정당에게 국민의당과의 합당은 분명 매력적인 선택지로 보였을 것이다.

우리나라 정당에 있어서 '원내교섭단체'는 다양한 특혜를 받을 수 있는 중요한 조건이다. 국회법에 따라 20인 이상의 소속 의원을 가진 정당은 하나의 교섭단체를 이루게 되는데, 막대한 금액의 정당 국고보조금이 우선 지급되며 주요 쟁점 법안을 의논할 수 있다.

이뿐만이 아니다. 원내교섭단체는 정당의 핵심적인 정책을 만들어 내는 정책연구위원 및 입법지원비를 지원받는다. 또한 국회의 다양한 의사일정 조정이나 국무위원 출석요구, 상임위원회 및 특별위원회 위원장 및 위원 선임, 간사 파견 등을 협의할 수 있는 막강한 권한이 생긴다.

무엇보다도 국회 여러 상임위원회와 상원 격인 법제사법위원회를 통과한 법안을 국회 본회의에 언제 상정할지 정할 권한도 갖게 된다. 즉 원내교섭단체 지위를 잃은 바른정당에게 국민의 당과의 합당은 이념에 앞서 생존의 문제였던 것이다.

그러나 국민의당, 특히 당내 다수를 차지하던 호남계 인사들에게 보수 세력과의 합당은 가당치 않았다. 그럼에도 안철수 대표는 2018년 2월 바른정당과의 합당을 밀어붙였고, 이에 반발한 박지원, 정동영, 천정배 등 호남 지역구 중진 국회의원들이 집단으로 탈당하며 제3지대 정당, '민주평화당'을 창당한다.

그즈음, 나는 기자가 아니라 서울 강남에 소재한 광고회사에 재직하고 있었다. 기자에 대한 미련을 이어가며 다른 언론고시를 이어가느니 당장 돈을 벌 수 있는 곳에 빨리 입사하자는 마음에 따른 결과였다.

민주평화당은 창당 전후로 행정 직원에 해당하는 사무처 당직자를 물색하고 있었다. 그리고 마침 당시 인턴기자로 묘한 인연을 맺었던 정동영 의원실 측 보좌관으로부터 안부 전화가 왔다.

"오랜만이야. 나 기억하나? 자네 지금은 어디 기자로 일하고 있지?"

　나는 다소 퉁명스럽게 기자는 그만두고 강남의 광고회사에서 일하고 있다고 답했다. 기다렸다는 듯 보좌관은 민주평화당이라는 정당이 창당되었으니 내게 이력서를 넣어보라고 안내를 해줬다.

　"자네는 그 힘든 기자 생활도 했는데, 분명 적성에 맞을 거야. 게다가 국회의 정당 당직자는 정규직이니 도전해보라고."

　확신에 찬 말투였다. 강남까지 출근하는 지옥철에 염증이 나서였을까. 여의도라는 공간에서 근무하는 내 모습을 생각해보니 제법 그럴싸해 보였다. 게다가 당직자가 무슨 일을 하는지는 모르겠지만 보좌관처럼 비정규직도 아니고 꽤 괜찮은 직업처럼 보였다.

　나는 '설마 되겠나' 싶은 마음으로 민주평화당 사무처 당직자 공채에 지원했다. 그러나 지원까지 마쳤음에도 정작 당직자가 보좌관과 뭐가 다른지는 여전히 알지 못했다.

　당직자라고 검색을 해봤지만 군대 당직사령 같은 내용만 나올 뿐이었다. 어차피 될 리가 없다고 생각하며 더 찾지 않았다. 그런데 바로 다음 날, 서류에 합격했으니 빨리 면접을 보러 오라는 전화가 걸려 왔다.

이렇게 쉽게? 나는 어안이 벙벙하여 일단 인사담당자에게 면접에 참석하겠다고 답했지만, 이내 정치부 인턴 기자 시절을 떠올리며 정치에 대한 회의감이 들어서 다시 전화를 걸어 면접에 가지 않겠다고 했다.

"무슨 소리 하는 거에요? 지금 국회의원님들이 박윤수 씨 기다리고 있으니 얼른 면접 보러 오세요!"

인사담당자는 이유를 모르겠지만 내게 화가 난 것처럼 느껴졌다. 아니, 내가 면접 안 보러 가겠다는데 화를 낼 것까지야. 결국 나는 회사에 적당한 이유를 들고 택시를 잡아 여의도, 국회까지 쏜살같이 달려갔다.

국회의사당역 인근 위치한 민주평화당 당사에 도착하여 면접장에 들어가니 국회의원 뱃지를 단 면접 위원들이 몇몇 앉아 나를 기다리고 있었다. 비현실적인 풍경에 아찔했지만 나는 정신을 부여잡고 최대한 밝은 목소리로 인사하며 자리에 앉았다.

정치부 인턴기자 시절에 몇 명의 국회의원을 직접 대면한 적은 있지만 면접위원으로서는 처음인데. 나는 내가 제출한 이력서와 사진을 훑어보며 동일인이 맞는지 의심의 눈초리로 바라보는 한 국회의원의 시선이 조금 무섭게 느껴졌다. 기본적인 질문이 오

가며 긴장이 누그러질 때 즈음, 그 의원은 마음속에 품고 있다가
이제야 겨우 물어본다는 식으로 질문을 던졌다.

"그런데 자네, 인턴 기자로 근무했던 곳을 보니 TV조선이군.
좀 의심이 가는데, 혹시 일종의 프락치 아닌가?"

나는 조금 상기된 얼굴로 그에게 결단코 보수 계열의 프락치가
아니라고 부정했지만, 함께 앉아 있던 면접위원들은 농담인 줄
알았던 것인지 픽 하고 웃으며 넘어갔다.

그렇게 TV조선에서 인턴기자로서 일했을 당시 맺었던 보좌관
과의 인연과 조금의 운으로 나는 내가 비웃던 '너섬객잔'에 사무
처 당직자로 발을 들이게 되었다.

민주평화당 입사 후 2018년 6월 전국동시지방선거 기획단 회의 중

3. 박지원, 정동영이라는 두 개의 태양

우여곡절 끝에 입사한 민주평화당은 'DJ 정신 계승'이라는 기치 아래 똘똘 뭉쳐 거대 양당에 맞서는 중도개혁 정당을 표방했지만, 사실은 호남 지역구 국회의원들의 느슨한 연합체였다. 물론 그중에서도 박지원, 정동영이라는 두 개의 태양은 민주평화당의 중심이었다.

두 개의 태양이라고 거창하게 표현했지만, 사실 민주평화당은 '원내 비(非)교섭단체'로 여러 가지 한계점이 분명한 소수정당이었다. 분기별로 지급되는 정당 보조금은 사무처를 운영할 만큼 풍족하지 않았고, 무엇보다도 국회 내 주요 법안 협상을 포함하여 여러 민생 이슈를 다루는 국정운영에 중요한 파트너로 참여할 수 없었다. 그럼에도 의석 15석의 원내 제4당 민주평화당은 더불어민주당의 우군이자 캐스팅보트로서 역할도 가능한 무시할 수 없는 야당이었다. (그러나 그해 2월 전남 영암·무안·신안 지역구 박준영 국회의원이 공직선거법 위반으로 의원직을 상실하여 민주평화당 의석수는 14석으로 줄어들게 되었다)

같은 '원내 비교섭단체'였지만 당시 대한민국 대표 진보정당을 표방하며 영향력을 행사하던 의석 6석의 정의당에게 있어 갓 출범한 민주평화당은 매력적인 파트너였다. 국회법상 하나의 정당이나 여러 정당의 의원이 합쳐 20명 이상이 되면 원내 교섭단체를 꾸릴 수 있기 때문이다. 그렇게만 된다면 정의당이 오랫동안 염원해 온 선거제도 개편을 비롯한 개혁 과제에 적극 개입할 수 있었다.

공동교섭단체의 문을 열기 위해 먼저 움직인 것은 민주평화당이었다. 약칭, 평화당의 제안을 받은 정의당은 정체성 문제와 당원들의 반발을 우려하면서도 원내 협상에서 배제되는 현실을 깨닫는다. 이에 소수정당의 한계를 극복할 수 있는 선거제도 개편을 위해 결국 평화당이 내민 손을 맞잡게 된다. 이렇게 헌정사상 세 번째 공동교섭단체, '평화와 정의의 의원 모임'이 출범하며 평화당은 정의당과 함께 원내 교섭단체가 된다.

민주평화당의 초대 지도부는 대한민국 최초 여성 검사, 조배숙 의원(당시 전북 익산을 지역구)이 당대표를 맡았고, 광주 동남갑 3선 국회의원 장병완 의원이 원내대표로 추대되었다. 또 비례대표라는 한계로 합류하지 못한 장정숙, 박주현, 이상돈 의원 등을 대변인과 정책연구원장 등에 임명하며 적극적으로 당직에 기용하였다. 박지원, 정동영, 천정배 등 당의 좌장 격인 의원들은 당초 지도부 전면에 나서지 않았지만, 막후에서 미묘한 당권 경쟁을 하고 있었다.

　민주평화당 당권 경쟁은 사무처 주요 인사들에게도 영향을 미쳤다. 우리나라 대부분 정당의 당헌 및 당규에 따르면 정당의 사무처는 일반적으로 총무국, 조직국, 정책실, 공보실, 원내행정국, 당대표비서실 등을 두고 있다.

　이중 내가 처음 몸담았던 총무국은 일반적으로 주요 당무 운영과 관련한 업무 조정과 여러 당내 행사 집행을 지원하는데, 사기업의 총무 부서도 유사하겠지만 '기타 다른 위원회 및 국의 업무에 속하지 아니하는 사항'을 맡는다. 나쁘게 말하면 어디에서도 맡지 않겠다고 하는 잡무까지 총무국이 모두 떠안아야 하는 것이다. 그럼에도 당의 운영비를 쥐고 있는 총무국이 당의 주요한 운영에 막강한 영향력을 끼치고 있다는 사실은 부인할 수 없었다. 이에 따라 총무국의 우두머리, '총무국장'은 보통 당에서 가장 영향력 있는 인물(예를 들어 당대표)이 신임하는 자가 맡게 된다.

　이후 순환 보직에 따라 이동한 공보실은 주요 언론을 모니터링하며 당 출입 기자들을 관리하고, 당 수석대변인을 비롯한 주요 정치인의 성명이나 논평, 보도자료 작성을 지원하는 부서였다. 사기업의 홍보팀과 유사한 성격의 부서라고 볼 수 있지만 정당에게 있어 공보실은 막강한 파급력을 가진 방송사, 신문사 등과 상대하면서 친분을 쌓은 주요지 기자를 통해 당내 주요 사안을 단독이라는 이름 아래 기사로 내보낼 수 있는 핵심 부서였다. 이에 따라 공보실장은 수석대변인과 협업하며 소통하는 자리였고, 총무국과 마찬가지로 당에서 막강한 힘을 가진 인사가 신뢰하는 사람을 앉힌다.

총무국과 공보실 이외에 당대표비서실, 조직국 등 다른 부서의 힘이 약한 것은 아니었지만 초창기 민주평화당은 총무국과 공보실 내 주요 사무처 당직자들이 박지원과 정동영이라는 두 개의 태양 아래 부딪히며 원만한 관계를 맺지 못하고 있었다.

당 사무처 여러 조직에 예산과 비용을 투입해야 하는 총무국은 공보실이 관리하고 있는 언론인과 보도 방향에 대해 시시콜콜 간섭했고, 이에 질세라 공보실은 총무국이 대변인들에 대한 지원에 소홀하고 협업하는 데 신통치 않다고 평가하며 상대편이 모시고 있는 태양을 등지고 섰다.

민주평화당 내 두 개의 태양은 사사건건 부딪쳤지만 호남 지역 국회의원들의 막강한 영향력을 바탕으로 2018년 제7회 전국동시지방선거에서 호남 지역 기초단체장 5명을 당선시켰고, 광역·기초의원 당선자를 다수 배출하는 등 나쁘지 않은 성과를 달성했다.

원내 제3당을 표방하며 합당을 선택한 바른미래당(국민의당+바른정당)이 지역구 광역의원 1명이라는 초라한 성적표를 받으며 몰락을 시작한 것과 극명한 대비였다. 그러나 권노갑, 정대철 상임고문 등은 조기 전당대회를 개최하여 당을 빠르게 정비하는 것이 좋겠다는 의견을 전달하며 민주평화당은 2018년 8월 초에 새로운 지도부를 선출하기로 한다.

두 개의 태양 간의 다툼은 새로운 지도부 선출 직전까지 계속 이어졌다. 창당의 주요 인물인 박지원, 정동영, 천정배 의원은 비공개 회동까지 갖고 새로운 당대표 출마 문제에 의견을 나눴음에도 이견만 노출하며 갈등의 골은 깊어졌다.

박지원 의원은 당시 좀 더 젊고 참신한 사람들로 당 지도부를 구성해야 변화의 모습을 보일 수 있다며 정동영, 천정배 의원 등의 전당대회 불출마를 제안했지만, 정동영 의원은 다른 정당과 경쟁하려면 중량감 있고 경험 있는 중진의원들이 책임을 져야 한다고 반박했다. 두 태양은 전당대회와 관련한 ARS 반영 비율, 여론조사 위탁업체 선정이나 1인 1표제냐 1인 2표제냐를 놓고도 충돌했다.

대외적인 상황도 좋지 못했다. '제7회 전국동시지방선거'의 여진이 조금 지나간 7월, 정의당의 중진 노회찬 국회의원이 '드루

킹 불법 정치자금 수수 의혹' 이후 갑작스럽게 사망하며 공동교섭단체가 붕괴하고 만 것이다.

평화당과 정의당은 공동교섭단체 지위 상실로 원내 협상에서 배제되기 시작했고, 주요 상임위원회의 간사 자리마저 박탈당하는 등 타격이 적지 않았다. 또한 교섭단체 지위 상실은 곧 자신들의 호남 지역구 예산 확보에 차질이 생긴다는 것을 의미했다. 결국 평화와 정의의 공동교섭단체를 재구성하기 위해 양당의 지도부를 비롯한 광주·전남·전북 중진 의원들은 민중당(현 진보당) 김종훈 의원과 호남 지역 무소속 이용호, 손금주 의원을 영입하기 위해 노력했다.

특히 평화당 지도부는 당 사무처를 총괄하는 사무총장과 지명직 최고위원 등 주요 당직의 인선을 미루면서까지 국민의당 시절 한솥밥을 먹었던 이용호, 손금주 의원의 영입을 적극적으로 추진했다. 그러나 이용호, 손금주 의원은 추후 있을 총선을 고려하여 더불어민주당 입당을 더 절실하게 원하고 있어 소극적인 자세를 보였다.

정의당의 경우, 옛 통합진보당과 인연이 깊은 민중당과의 연대나 김종훈 의원 영입에 적극적이지 않았다. 보수적인 색채를 가진 평화당 의원들의 민중당에 대한 거부감도 한몫했다. 결국 평화당과 정의당은 뚜렷한 해결책을 찾지 못한 채 다시 비교섭단체로 전락하며 국회에서 존재감을 상실하고 말았다.

존재감 상실과 크고 작은 갈등이 이어지던 2018년 8월 5일, 여의도 중소기업진흥회관에서 개최한 '제1회 민주평화당 전당대회' 결과, 4선의 정동영 의원이 68.57%라는 압도적인 득표율로 신임 당대표로 선출되었고 잠시 주춤했던 두 태양 간 갈등은 일부 봉합된 것처럼 보였다. 공동교섭단체로의 가능성도 아예 사라진 것은 아니었다. 2019년 경남 창원-성산 재보궐선거에 정의당 여영국 후보가 민주당과 단일화 과정을 통해 단일 후보로 출마하며 당선 가능성을 높이고 있었다. 후보를 내지 않은 평화당의 정동영 당대표도 공개적으로 여영국 후보의 지원유세를 하며 힘을 보탰다.

우여곡절 끝에 정의당 여영국 후보가 2019년 재보궐선거에서 승리했지만 공동교섭단체 재추진은 좀처럼 속도를 내지 못했다. 평화당 일부 계파에서 정체성을 이유로 공동교섭단체 재추진에 제동을 걸었기 때문이다.

정동영 당대표 입장에서는 다음 총선을 앞두고 평화당의 존재감을 키우면서 연동형 비례대표제 도입과 검경수사권 조정, 고위공직자범죄수사처 설치 등 개혁 입법안의 추진 동력을 확보하기 위해 정의당과의 공동교섭단체 재추진이 시급했다.

　　반면 평화당 지도부의 투톱, 장병완 원내대표는 언론과의 인터뷰에서 '평화당과 정의당은 정체성 뿐 아니라 탄력근로제 단위기간 확대 같은 이슈에서 입장이 전혀 다르다'고 강조했고, '정체성이 다른 당과 교섭단체를 맺어서 개혁 입법을 처리하기 어렵다는 의원들이 당내에 3~4명 이상'이라며 정동영 당대표와 각을 세웠다. 일부 평화당 의원들은 정의당과 공동교섭단체를 재추진한다면 탈당도 불사하겠다고 정동영 지도부에 강한 반감을 표했다.

　　그렇다면 이들은 이전에 '평화와 정의 공동교섭단체'를 구성할 때에는 왜 가만히 있었던 걸까 하고 나는 의아했다. 그때와 지금은 뭐가 다른 걸까? 결국 핵심은 권력, 즉 다가오는 총선과 이에 따른 공천권이었다.

　　삐걱거리던 평화당은 그해 7월 심야 비공개 의원총회를 열고 끝장토론을 실시했지만, 10명의 의원이 정동영 당대표의 사퇴를 촉구하며 분당의 시작을 알렸다. 이 과정에서 정동영 당대표는 박지원 의원을 '한 원로 정치인'으로 거론하며, '당의 단합을 위해 노력하기보다 뒤에서 들쑤시고 분열을 선동하는 그분의 행태는 당을 위해서 참으로 불행한 일'이라고 공개 저격했다. 정동영 당대표를 따르는 당직자 중 일부도 평화당이 2018년 연말 국회 본청 앞에 설치한 '연동형 비례대표제 도입 촉구 천막 당사'에 박지원 의원이 적극적으로 방문하지도 않고 지지율을 위해 도움한 번 안 줬다고 토로했다.

　박지원 의원을 따르던 의원들의 정동영 비토론도 만만치 않았다. 그들은 정동영 당대표가 취임 이후 의원들과의 사전 일정 조율 없이 일방적으로 일을 추진했고, 당직자 인선 문제를 두고 자기 사람만 챙긴다며 비난했다. 박지원 의원 또한, 한 라디오 방송 인터뷰에서 총선을 앞둔 평화당의 존재감 상실을 언급하며 '정동영 당대표 사퇴의 필요성'을 강조했다.

　혹자는 박지원, 정동영 두 태양의 갈등의 배경에 바른미래당과 평화당 호남계 의원을 중심으로 한 신당 창당론이 깔려있었다고 평가하기도 한다. 당시 바른미래당은 교섭단체라는 지위를 누리며 약 100억 원에 달하는 막대한 당 자산을 갖고 있었지만, 손학규, 유승민, 안철수로 나뉜 계파 갈등에 시달리고 있었기 때문이다. 실제로 2018년 12월 연동형 비례대표제 도입을 위해 손학규 대표가 열흘 간의 단식투혼을 이어 갔음에도 바른미래당 일부 세력은 자유한국당(현 국민의힘)으로 복당하는 등 내홍을 겪고 있었다.

　이렇게 새 지도부 출범 이후 채 1년이 지나지 않아 두 개의 태양은 결국 이별을 선택하고 당은 민주평화당과 대안신당으로 분당하고 만다.

정동영 민주평화당 신임 당대표, 김병준 당시 자유한국당 비상대책위원장 예방 중

2018년 12월 연동형 비례대표제 도입을 촉구하며
민주평화당이 국회 본청 앞에 설치했던 천막 당사

2018년 12월 연동형 비례대표제 도입을 위해 단식투쟁을 이어가던
손학규 바른미래당 당대표를 방문한 임종석 당시 청와대 비서실장과
이정미 정의당 당대표, 정동영 평화당 당대표

4. 별정직 공무원, 국회 보좌진이 되다

박지원 의원을 비롯한 당내 주요 국회의원 몇 명이 대안신당으로 탈당하며 평화가 사라진 평화당의 의석은 정동영 의원을 포함하여 겨우 4석으로 급격하게 줄어들고 말았다.

혹자는 박지원과 정동영라는 두 개의 태양의 노선 차이를 원인으로 보기도 한다. 애초에 민주평화당은 중도 개혁 정당을 표방해 왔다. DJ, 김대중 전 대통령부터 민주당 계열의 정당은 중도 개혁을 이념적 방향으로 설정했기 때문이다.

그러나 정동영 대표는 민주평화당 신임 당대표로 선출된 이후, '정의당보다 더 정의롭게'를 구호로 내걸며 평화당은 진보 개혁 성향을 강하게 보였다. 실제로 정동영 대표는 당대표 선출 다음 날, 부산 한진중공업 현장을 찾아 노조원을 응원했고, 서울 중구 대한문 앞에 마련된 쌍용자동차 해고 노동자의 분향소를 방문하기도 했다.

광주·전남과 전북 간 갈등을 민주평화당 분당의 원인으로 보는 시각도 있다. 정동영 의원을 비롯한 전북 지역구 의원들은 민주평화당에 잔류했고, 광주·전남 지역구 의원들 대다수는 탈당을 선택했다.

그러나 민주평화당의 분당은 결국 호남 기반 통합정당을 재구축하려는 시도의 일환이었다. 훗날 민주평화당은 옛 동지였던 대안신당을 비롯하여 바른미래당과 함께 민생당으로 다시 합당하게 된다.

이러한 민주평화당 분당 과정 속 나는 새로운 선택을 해보기로 했다. 비정규직으로 치부하고 애써 무시하던 국회 보좌진이 되기로 한 것이다.

돌이켜보면 선택이 아니라 생존을 위한 결단이었다. 민주평화당이 쪼그라들면서 자연스레 재정적 이유로 당 사무처는 근무하는 인력을 줄여야 했기 때문이다. 그러나 단지 재정적 이유뿐만은 아니라고 생각한다. 새롭게 당 사무처를 정비하던 당시 지도부가 내심 박지원을 따르던 사무처 당직자들을 솎아내고 싶었을 가능성을 배제할 순 없을 것이다.

대안신당 창당과 함께 시작한 구조조정은 전광석화 같았다. 지도부의 칼을 빌린 사무처의 사무총장과 사무부총장은 당직자들에게 받아들이기 힘든 조건을 내걸며 빠른 시일 내에 동의하든지, 새로운 일자리를 찾으라고 종용했다.

인생 처음 겪는 구조조정의 대상이 말단 직급의 간사였던 내가 아니라는 점은 알고 있었지만, 불합리한 내용을 아무 의논도 없이 일방적으로 고지한 사무처가 원망스러웠다. 총무국과 공보실에서 근무하며 경력을 잘 쌓아가고 있었지만 앞으로 민주평화당의 앞날이 밝지 않다는 점은 자명했고, 다니던 회사가 부도가 난 느낌이 들었다.

그때 민주평화당 당직자 시절부터 나를 눈여겨보던 대학교 선배로부터 보좌진 제안이 들어왔다. 선배는 나보다 몇 년 전에 정치판에 들어와 민주평화당에서 활동하던 의원의 비서관으로 근무 중이었다. 마침, 자신과 친분이 깊은 의원실에 9급 비서관 채용이 필요했고, 나를 추천해보고 싶다는 제안이었다.

"의원님이 바른미래당 소속이긴 해도 민주평화당에서 활동하셨고, 대안신당과 뜻을 함께하는 의원님 중 한 분이야. 너한테도 좋은 기회라고 보는데?"

선배는 조심스럽게 어느 의원실에서 채용을 진행 중인지 알려주었다. 특히 인턴이 아니라 9급이라는 직급으로 국회의원실에서 근무를 시작할 수 있고, 대안신당의 공보실 업무도 겸할 수 있으니 나름 기회라고 강조했다.

당시에는 인턴 기자 경험과 연계한 공보실 근무에 재미를 붙이고 있었고, 보좌진 경력을 더하여 업무 능력을 키울 수 있다는 점이 매력적이라고 생각했다. 무엇보다 당시 민주평화당의 불합리한 구조조정에 맞서서 '나라고 다른 일자리 못 구할 줄 아냐'라고 반항해 볼 수 있는 묘안이라고 여겼던 것 같다.

그럼에도 쉽게 결정을 내릴 수는 없었다. 짧은 시간이지만 친분이 깊어진 당직자들과 헤어지기 싫었다. 당세가 쪼그라들었을지언정 같이 노력하다 보면 2~3년 경력직이 될 수도 있고 국회 보좌진은 나중에라도 또 해볼 수 있지 않을까?

돌이켜보면 민주평화당이 대안신당, 바른미래당과 함께 민생당으로 다시 합당할 줄 미리 알았다면, 적어도 우리네 주요 정당이 분당과 합당이라는 이합집산을 그럴듯한 대의명분을 내세우며 해왔다는 역사를 믿었더라면, 나는 국회 보좌진의 삶을 택하지 않았을지 모른다.

며칠의 밤을 새운 후 나는 여타 의원실 지망생이 그렇듯 서류

4. 별정직 공무원, 국회 보좌진이 되다

와 간단한 면접 전형을 거쳐 'A 국회의원실'의 보좌진, 9급 비서관이 되었다.

국회 보좌진이 되어도 나의 업무가 크게 바뀌지는 않았다. 나는 민주평화당 공보실에서 근무했던 것처럼 창당을 준비하던 대안신당의 공보 실무를 담당했다. 대변인들의 논평 초안을 작성했으며 언론 모니터링, 신문·방송·인터넷·카메라·사진 기자 관리, 기자 간담회 준비 등의 업무를 수행했다. 다른 점이 하나 있다면 아직 당이 창당된 것이 아니었기 때문에 실무 인력이 부족해서 이 모든 일을 거의 홀로 해내야 했다. 결과적으로 이런 경험은 훗날 창당되는 '열린민주당'에서 요긴하게 쓰게 된다.

그러나 어디까지나 나는 'A의원님'의 국회 보좌진이었고, 국회 보좌진의 막중한 업무 중 하나인 국정감사를 준비해야만 했다.

줄여서 '국감'이라고 부르는 국정감사는 2부에서 다시 자세히 설명하겠지만, 정기국회라 불리는 9월부터 12월 중에 실시하게 되어 있다.

국정감사는 보통 매해 10월에 실시하는데, 국회의원은 자신의 인지도와 홍보를 할 수 있기 때문에 혁혁한 성과를 내야만 하는 중요한 정치 이벤트다. 그리고 이를 위해 국회 보좌진들은 밤을 새워 피감기관의 허물을 샅샅이 뒤지고, 내로라하는 국내외 기업의 총수를 국감의 증인이나 참고인으로 불러내어 그들의 영향력을 과시한다.

국정감사 시즌이 다가오고 밤을 새워 국정감사를 준비하며 가을이라는 계절이 삭제되고 나서야, 나는 대안신당 공보실 업무와 보좌진 업무를 겸하기 어렵다는 결론에 도달했다. '9급이라는 직급으로 국회의원실에서 근무할 수 있고, 대안신당의 공보실 업무도 겸할 수 있다'라는 것은 애초에 성립할 수 없는 이야기였다.

어떻게 헤쳐 나갔을까. 초보 보좌진을 안쓰럽게 여기며 함께 근무하던 당시 선임비서관 선배의 도움으로 나는 건강보험심사평가원의 부실채용 의혹 문제를 다루기로 했다.

당시 건강보험심사평가원(이하 심평원)은 채용 과정 전반에 대한 관리·감독 부실, 부적절한 채용 위탁업체 선정으로 1,000명이 넘는 수험생에게 피해를 초래했다. 무엇보다도 면접시험에서는 한 면접관이 여성 수험생에게 '나는 당신을 사랑합니다'를 영어로 말하라는 등 성희롱 사건이 발생해 공분을 일으켰다.

심평원도 가만히 있지는 않았다. 국정감사를 준비하던 내게 해명할 기회를 달라며 인사팀을 비롯한 고위 공무원들이 계속 찾아왔다. 그러나 문제를 제대로 지적하고 개선하기 위해 나는 채용 부서로부터 관련된 모든 자료를 요구했고, 꼼꼼하게 분석하며 질의서를 작성했다. 그리고 해당 기관의 채용 담당 인력 및 예산을 확충하는 예산안을 마련하여 첫 국정감사를 잘 마칠 수 있었다.

별정직 공무원인데다가 겨우 9급에 불과한 내게 이렇게 고위 공무원들이 연락하고 찾아올 정도인데, 보좌관이나 선임비서관은 대체 어떤 존재일까? 라며 국정감사를 준비하면서 의문과 동경심을 갖게 되었다.

그리고 그 의문은 몇 년이 좀 더 지나고 내가 민주당의 선임비서관이 되고 나서야 '조금' 풀리게 된다.

정대철 민주평화당 상임고문(현 대한민국헌정회장)과
사무처 당직자 단체 사진

조국 당시 법무부장관, 대안신당 박지원 국회의원 예방 중

5. 민주당 참칭? 열린민주당의 등장

제21대 국회의원 선거를 앞두고 생존을 위해 전략을 고민하던 민주평화당, 대안신당, 바른미래당 지도부는 합당이라는 '전가의 보도'를 꺼내 든다. 이들의 통합은 2019년부터 거론됐지만 유승민계와 안철수계, 호남계 등으로 나뉘어 당권을 다투던 바른미래당의 복잡한 사정 탓에 속도를 내지 못하고 있었다.

그러던 중, 2020년 1월 유승민계의 탈당에 이어 당의 창업주인 안철수 전 의원을 비롯한 몇 명의 국회의원이 탈당한 이후 당을 접수한 호남계와 손학규 대표의 주도로 민주평화당·대안신당과의 통합이 탄력을 받게 되었다.

애초에 대안신당은 제3지대 통합을 명분으로 탈당한 의원들이 만든 정당이었고, 4석으로 의석이 쪼그라든 민주평화당도 자강에 무게를 두고 있었지만, 다가오는 총선에서 생존하기 위해 통합에 동참하게 된다.

　속전속결로 이루어질 것 같았던 합당은 바른미래당 손학규 대표의 반대로 우여곡절을 겪게 된다. 자신의 후퇴를 전제로 진행되는 3당의 통합 합의문 추인을 보류했기 때문이다.

　"선거 편의를 위한 지역주의는 우리의 선택이 될 수 없다. 호남 신당의 창당은 결코 새로운 길이 될 수 없다."

　손학규 대표의 명분은 그럴듯했다. 국민은 새로운 정치를 염원하고, 미래 세대를 앞세워야 하며, 당시 한창 논의되던 연동형 비례대표제로 다당제를 열어야 하는데, 호남 기반의 신당은 국민의 의사에 반한다고 천명한 것이다.

　이와 같은 손학규 대표의 반대로 당 대 당 통합이 어려워지자, 바른미래당 국회의원들은 의원총회를 열고 당 소속 비례대표 의원들의 제명 및 지역구 의원들의 탈당 시기를 언급하며 손 대표에게 최후통첩을 날리게 되었다.

　결국 민주평화당, 대안신당, 바른미래당 등 각 당을 대표하는 인물들이 모두 물러나고, 3인의 공동대표 체제를 지도부로 하겠다는 합의를 하고 나서야 통합 신당, 민생당은 창당될 수 있었다. 여담으로 통합 신당의 당명 후보는 바른미래당의 '제3지대', 대안신당의 '민주연합', 평화당의 '민생당'이었으나 이조차도 합의를 못하니 투표를 진행하여 결정된 것이었다. 이때부터 이미 민생당의 21대 국회의원 선거 결과가 정해진 것 아니었을까?

어쩌면 민생당은 2019년 개정된 선거법, 연동형 비례대표제를 이용하여 당선자를 배출하고 명맥을 이어갈 수 있었을지도 모른다.

선거법 개정에 반대하며 미래통합당(현 국민의힘)이 미래한국당이라는 위성정당을 창당했고, 더불어민주당 또한 제21대 국회의원 선거에서 보수 계열이 승리할 경우, 문재인 대통령의 탄핵이나 공수처 폐지, 선거제 회귀를 추진하리라 판단하여 범진보(민주·진보) 정당들의 플랫폼, 비례 위성정당 더불어시민당에 함께했다.

더불어시민당은 민생당도 함께 하자는 제안을 했지만, 당시 민생당을 대표하던 김정화 대표는 연동형 비례대표제의 취지를 훼손하는 비례 위성정당과는 함께 하지 않겠다고 선언했다. 그러나 3인의 공동대표 체제였기 때문에 민주평화당과 대안신당계 지도부는 더불어시민당에 함께 해야 한다며 의견 충돌이 발생했다.

충돌은 오래가지 않았다. 민생당 출범 당시 중앙선거관리위원회에 바른미래당 추천 공동대표를 당의 대표로 등록했기 때문에 바른미래당 출신 김정화 대표가 모든 법적 효력을 대표하고 있었다. 이 과정에서 바른미래당 출신 당직자 노조들도 민주당의 '친문연합정당 참여 결사반대' 등이 적힌 손피켓을 들고 힘을 보탰다.

결국 당시 더불어시민당에 함께 해달라는 더불어민주당 이해찬 대표의 친서 전달을 민생당 김정화 대표가 '스팸메일'로 규정하며 거절했고, 민생당은 제21대 총선 '0석'이라는 초라한 성적표를 받고 원외 정당으로 전락한다. 나를 포함하여 민생당에서 일하던 보좌진과 사무처 당직자들은 그 선택으로 졸지에 실직자가 되고 말았다. 총선을 앞두고 '민생당'에서 다시 어색한 조우를 하게 된 박지원, 정동영 의원도 낙선하며 한동안 국회를 떠나게 된다. 그러나 더불어민주당을 비난하며 자신의 정치적 신념을 강조했던 민생당 김정화 대표는 아이러니하게도 9년 뒤, 더불어민주당의 품으로 다시 복당하게 된다.

지금 돌이켜보면 김정화 대표의 선택과 변신이 놀랍지 않다. 너섬객잔에 머무는 '일부' 정치인이 자기 신념을 부정하는 건 흔한 일이다. 그들에게 있어서 자신의 영향력 유지와 권력 연장을 위해 당을 바꾸는 일은 손바닥 뒤집듯 쉬운 일처럼 보인다.

민생당의 몰락에 맞물려, 'A 의원님'의 낙선에 따라 졸지에 실업자가 된 나는 또 다른 길을 모색해야만 했다. 국회 보좌진으로 일자리를 다시 구해보려고 했지만, 총선에서 발생한 앙금 때문인지 이념적으로 가까운 민주당 의원실로의 이직이 당장은 어려웠다. 또한 더불어민주당은 21대 총선 당선인들에게 야당 출신 보좌진을 채용할 경우, 철저히 검증하라며 사무총장 명의의 공문까지 보냈다.

"타당 출신 보좌진 임용 시 업무능력 외 정체성 및 해당 행위 전력을 철저히 검증해야 한다. 보좌진 검증을 위해서는 중앙당 조직국에 문의하라."

이런 와중에도 실무적인 것만 질문했다며 민주당 쪽으로 이직에 성공한 민생당 보좌진도 있었지만, 선거제도 개편 당시 민주당 보좌진과 물리적 충돌이 있었던 미래통합당의 보좌진은 당연하게도(?) 민주당으로의 이직이 어려웠다.

민생당 출신이었던 나는 조금 기다리면서 구직활동을 해봤다면, 민주당 국회의원실의 보좌진으로 이직할 수 있었을지도 모르는 일이다. 지금과는 달리 예전에는 당적이 다르더라도 다른 당 보좌진으로 일하는 것 자체가 불가능한 일은 아니었기 때문이다. 보좌진은 직장인이지 정치인은 아니지 않은가? (물론 정치인에 준하는, 혹은 자신을 정치인으로 규정하는 보좌진도 존재한다)

　나는 이러한 분위기에 치를 떨며, 국회를 떠나는 것을 포함하여 다른 선택지가 있는지 찾아보았다. 그때 연동형 비례대표제의 영향 아래 민주당을 탈당한 유력 인사들이 새롭게 창당한 열린민주당은 매력적인 선택지였다.

　더불어민주당 출신 손혜원, 정봉주 전 국회의원이 야심차게 창당한 당시 열린민주당은 문재인 정부 공직기강비서관 출신 최강욱 국회의원이 당대표로, 이재명 정부에서 국가건축정책위원회 위원장을 맡고 있는 김진애 국회의원이 원내대표로 활약했다.

　평교사 출신의 비례대표 강민정 국회의원이 최고위원이었고, 한화투자증권 대표로 재직했던 주진형 최고위원은 당내 싱크탱크인 열린정책연구원의 원장을 맡고 있었다. (문재인 정부 대통령비서실 대변인을 맡았던 김의겸 대변인은 2021년 서울시장 보궐선거 출마를 계기로 의원직을 사퇴한 김진애 의원의 국회의원직을 승계하게 된다)

　제21대 총선을 앞두고 의석수 획득에 불리할 것을 우려한 더불어민주당 이해찬 당시 대표는 열린민주당을 두고 민주당을 참칭하지 말라고 경고하고 나선 바 있다. 그 영향으로 초기 당세에 비하여 총선에서 비례대표 3석이라는 성적표를 거둔 열린민주당 지도부는 국회의사당 근처에서 오래된 건물 중 하나인 중앙

보훈회관에 겨우 둥지를 튼 후, 경력 있는 사무처 당직자를 물색하며 공채를 실시하고 있었다.

덕분에 나는 보좌진 경력과 당직자 경력을 어필하며 운 좋게 열린민주당에 합격할 수 있었지만, 3석의 소수정당은 하루하루가 험난했다. 사무처 당직자는 채 10명이 되지 않았고 1인당 맡아야 했던 업무는 경계가 없었다.

사실상 당시 열린민주당 사무처에는 총무국 하나만 존재했다고 해도 과언이 아닐 것이다. 그렇지만 나는 당내 몇 없는 경력직 당직자였기 때문에 당대표, 원내대표, 최고위원 등이 참석하는 최고위원회의 실무를 담당했고, 공보나 원내 행정 등 다양한 영역에서 실무 업무를 수행해야만 했다.

특히, 3석에 불과한 열린민주당 지도부가 최고위원회의를 진행할 회의실을 국회 본청에 마련하기 위해 고군분투를 해야만 했다.

일반적으로 원내 정당은 중앙당사가 아니라 국회 본청에 마련된 사무 공간에서 지도부가 최고위원회의를 진행한다. 이때 백드롭이라고 불리는 형태의 홍보 현수막을 벽에 부착해야 하고, 마이크를 사용할 수 있는 특수한 형태의 주문 제작형 책상을 배치해야 한다.

또한 카메라와 사진, 펜을 비롯한 다양한 유형의 기자들이 이를 취재할 수 있는 공간도 별도로 마련하게 되어 있다. 문제는 당시 열린민주당에 국회 사무처 내 관리과나 시설과 등과 협의를 진행할 만큼 경력을 가진 사람이 전무했다는 점이다.

나는 짧은 당직자 경력에 알지 못하는 것 투성이였지만, 손혜원 전 의원의 소개로 인연을 맺게 된 인테리어 업체와 함께 다급하게 최고위원회의 사무실을 마련했고, 촉박한 일정에도 그럴듯한 공간을 마련하여 열린민주당 지도부는 그날을 기점으로 국회에서 최고위원회의를 진행하게 되었다.

오늘날 조국혁신당처럼 민주·진보세력의 쇄빙선 역할을 자처했던 열린민주당의 존재감은 2021년 서울시장 재보궐선거에서 빛을 발했다. 열린민주당 김진애 의원과 정봉주 전 최고위원 간 경선으로 최종 서울시장 후보자를 확정한 다음, 더불어민주당과 단일화를 시도하기로 하면서 당의 존재감을 키운 것이다.

당시 성추행 사건과 관련된 항소심에서 무죄를 선고받은 정봉주 전 최고위원은 서울시장 재보궐선거를 두고 '문재인 정부를 쓰러뜨리려는 자들과 문재인 정부의 성공을 지키려는 자들의 싸움'이라며 열린민주당과 더불어민주당의 통합을 강조했다. 김진애 의원은 '서울시장은 대선 디딤돌이 아닌 시정에 충실해야 하

는 자리'라면서 지지를 호소했고, 서울시장 선거 출마를 위해 의
원직 사퇴까지 예고했다.

이렇게 열린민주당에서 서울시장 재보궐선거를 위해 치열한
경선을 치르고 있을 때, 내게 새로운 기회가 찾아왔다. 코로나19
를 계기로 비대면 플랫폼이 급성장하던 시기, 국내 대표적인 온
라인 동영상 서비스(OTT, Over The Top) 왓챠의 대외협력팀
담당자 제안이 들어온 것이다. 그렇게 서울시장 보궐선거를 몇
달 앞두고 나는 국회를 떠나겠다는 마음을 먹고 왓챠 대외협력팀
으로 이직을 결심하게 된다.

민생당 의원총회 중 더불어시민당 참여에 반대하는 사무처 당직자 피켓 시위

국회 본청 내 열린민주당 최고위원회의 사무 공간 준비 중

우여곡절 끝에 완성된 열린민주당 최고위원회의 사무 공간

민주·진보세력의 쇄빙선 역할을 자처했던 열린민주당의 존재감은
2021년 서울시장 재보궐선거에서 빛을 발했다

6. 국회 법제사법위원회 담당 민주당 선임비서관

국회를 떠나 강남역 부근에 있는 OTT 스타트업, 왓챠로 이직 후 나는 한동안 원인을 알 수 없는 답답함과 두려움에 시달렸다.

긴장감 속에 하루하루 출근하는 나의 마음을 알지 못하는 같은 부서의 사람들은 다정했고, 업무 속도는 국회에 비해 합리적이었다. 평소 관심이 많았던 다양한 형태 콘텐츠의 제작, 유통 등이 실제로 이뤄지는 현장에서 똑똑하고 힙한 인재들과 함께한다는 행복도 있었다. 특히 당시의 왓챠는 코로나19 펜데믹 속에서 유망한 비대면 스타트업으로 분류되어 폭발적인 성장을 하고 있었다.

불안감의 원인은 사실 단순했다. 그동안 전혀 경험해 보지 못한, OTT라는 새로운 분야에 도전한 내가 대외협력이라는 업무를 제대로 해낼 수 있을지 알 수 없었기 때문이다.

왓챠를 통해 경험한 대외협력이라는 직무는 사실 단순했다. 쉽게 말해, 규제라는 이름으로 묶인 다양한 형태의 법안을 회사에 유리한 방향으로 개정하거나, 국정감사의 증인이나 참고인으로 회사의 대표가 채택되었을 경우 보좌진 시절 쌓은 긴밀한 네트워킹을 활용하여 이를 해결하는 업무였다. 물론 지금도 이러한 업무 능력이 대외협력으로 일하는(혹은 일하고자 하는) 직장인에게 중요한 요소라고 생각한다.

2부에서 후술하겠지만, 대외협력이라는 업무의 어려움은 다른 곳에 있다. 어디까지나 전직 보좌진으로서 국회를 마주해야 하고, 그 말은 그동안 국회에서 한솥밥 먹던 친분 있는 보좌진들을 동료가 아니라 철저하게 '갑'으로 대해야 한다는 사실이다.

'갑'과 '을'에 대해 심각하게 고민할 것이 아니라 사회인으로서 돈을 벌기 위해 무엇인들 못할까 하고 당장은 마음을 다잡을 수도 있다. 그러나 자존심이 강한 타입의 보좌진일수록 대외협력의 직무를 수행하는 데 큰 어려움을 겪게 된다.

다행스럽게도 나는 정당의 당직자로서 국회에 입성했으며 오랜 기간 보좌진 경력을 쌓은 것도 아니었다. 국회를 드문드문 경험한, 아직은 새로운 내용을 빠르게 흡수할 능력을 보유한 사회 초년생이었다. 이를 깨닫고, 나의 불안감은 곧 자신감으로 바뀌었다. 비슷한 또래의 다양한 부서의 사람들과 교류를 이어가며 나는 내가 업무적으로, 사회적으로 성장하고 있음을 분명 느낄 수 있었다.

또한 대외협력을 통해 업계의 사정을 공부하며 나름의 전문성을 갖게 된다는 점은 분명 큰 장점이었다. 이를 통해 공채가 아닌 경력직 대외협력 담당으로 회사에 입사한 일부 보좌진은 빠른 속도로 임원이 되기도 하고, 학계로 나아가 전문가로 명성을 떨치기도 한다.

그러나 동시에 얼마 되지 않은 근무 기간으로 쌓은 얕은 전문성임에도 이를 제대로 인지하지 못한 채 '너섬객잔', 국회로 회귀하는 보좌진들도 있다. 바로 나 같은 경우가 딱 그러했다.

이직, 아니 국회로 회귀를 결심한 이유는 호기심이었다. 국회에서 경력을 더 쌓은 후에 왓챠에 이직했더라면, 최소한 4급 보좌관 다음으로 높은 직급인 5급 '선임비서관'까지 근무해 본 후 민간 기업에 도전했으면 어땠을까 하는 별것 아닌 망상이 시작이었고, 떨칠 수 없던 머리 속의 질문은 곧 거대한 눈덩이처럼 불어나 콤플렉스가 되어 나를 괴롭혔다. 그리고 그 콤플렉스를 해결하기 위해 나는 더불어민주당 'B 의원실'의 문을 두드렸다.

이직이 실패한 것이라는 것을 확인하는 데에는 오랜 시간이 걸리지 않았다. 5급, 즉 선임비서관 자리는 일반 사기업의 관리자급에 해당했고, 입법, 정책, 홍보 등 각종 주요 업무를 빠르게 처리해야만 했다. 그러나 정당의 당직자로서 국회 경력을 시작하며 국정감사를 딱 한 차례만 치러본 어수룩한 나는 아직 5급이라는 자리에 걸맞지 않은 사람이었다. 또한 국회의원실에 공석이 생겨 사람을 뽑게 되었다는 사실은, 바꿔 말하면 그 의원실이 업무적으로도, 인간적으로도 힘든 자리라 사람이 쉽게 나갈 수도 있다는 뜻이었다.

동시에 선임비서관은 막강한 권력을 행사하는 자리였다. 보좌관 다음으로 높은 직급이었으므로 국회 상임위원회의 소관 기관, 즉 정부의 부처 내 다양한 사업을 진행하는 고위 공무원들을 비롯하여, 주요 기업의 대표나 임원들을 국정감사의 증인이나 참고인으로 소환할 수 있었다.

2022년 제8회 전국동시지방선거에 김동연 경기도지사 후보 캠프 공보·메시지 팀장으로 파견 가기 전까지, 나는 하루에도 최소 열 번은 그만두고 싶다는 생각을 갖고 억지로 'B 의원실'에 출근해야만 했고, 왓챠를 통해 친분을 쌓아두었던 'C 의원실'로 극적으로 옮기는 데 성공하기 전까지 4개월이라는 짧은 근무 기간을 겨우 채울 수 있었다. 그러나 '도망친 곳에 낙원은 없다'라고 했던가. 겨우 이직에 성공한 'C 의원실'은 국회 정쟁의 최전선인 '국회 법제사법위원회' 소속 민주당 의원실이었다.

국회 법제사법위원회에서 근무했던 이야기를 하기에 앞서, 먼저 국회의 상임위원회란 무엇인지부터 알아야 한다.

국회에는 특정 분야에 전문적인 지식을 갖춘 국회의원들로 구성된 상임위원회가 존재하고, 상임위원회 소속 위원들은 본회의에 안건을 부치기 전 법안을 토론하고 다듬는 작업을 수행한다. 또한 국회 상임위원회는 상설화된 조직이며, 기한을 정해 활동하는 특별위원회와 구분된다. 이를테면 국회 보건복지위원회는 보건복지부, 질병관리청, 식품의약품안전처 등이 다루는 법률안을 심의·심사한다.

특히 국회의원들에게 가장 인기 있는 상임위를 고르라면 단연 주택·토지·건설·철도·도로 등을 다루며 지역구 부동산과 교통에 영향력을 미칠 수 있는 국토교통위원회와 국무조정실, 국무총리비서실, 금융위원회 등 정부 기관을 견제하며 여러 기업들로부터 이런저런 후원을 받기에 용이한 정무위원회, 산업통상자원부와 중소벤처기업부를 다루면서 정무위만큼이나 여러 기업들로부터 후원을 받기에 용이하고, 지역구 내에 공단 관련 사업에 큰 역할을 할 수 있는 산업통상자원중소벤처기업위원회 등일 것이다.

이외에도 이재명 정부에서 탄생한 기후에너지환경부와 한국전력 등 에너지 공기업들은 2025년 10월부로 국회 환경노동위원회 국정감사를 받게 되었다. 이로써 앞으로는 관련 국회 상임위원회의 위상과 인기가 높아질 것으로 보인다.

그렇지만 인기가 아니라 가장 핵심적인 국회 상임위원회가 무엇이냐고 묻는다면 바로 국회 법제사법위원회일 것이다. 혹자는 대통령실과 국회 사무처를 소관 기관으로 두는 운영위원회나 최종 예산 배분을 결정하는 특별위원회인 예산결산특별위원회를 언급하지만, 국회 내 가장 치열한 상임위원회를 꼽자면 대한민국 국회의 비공식 상원, 법제사법위원회라고 할 수 있다.

왜 법제사법위원회를 비공식적인 상원이라고 부를까? 국회 법제사법위원회는 다양한 상임위원회에서 통과한 모든 법률안들에 대해 체계·자구 심사를 진행하기 때문이다.

체계·자구 심사권이란 어떤 법안이 헌법이나 다른 법률, 하위 법령과 체계상 문제가 없는지, 문장이나 용어, 조문, 인용 등에 오류가 없는지 점검하는 법제사법위원회만의 고유권한이다. 이때 법사위원들이 어떤 법률에 대해서 형식적인 심사만을 진행하는 게 아니라 법안 내용 변경 등 권한 밖의 실질적인 심사를 하는 경향을 보이므로, 해당 법률안이 법제사법위원회를 통과하지 못하여 폐기되는 일이 종종 발생한다. 괜히 국회 내 모든 법률안의 마지막 관문이라고 불리는 것이 아니다.

이러한 이유로 국회 법제사법위원회는 일종의 상원으로 기능을 하고 있으며, 지금도 이 상임위원회의 위원장을 여당과 야당 중 어디서 맡는지가 주요 뉴스 헤드라인을 장식할 정도이다.

그러나 법학에 대한 지식이 전무했던 나에게 국회 법제사법위원회 업무는 버거웠다. 용어는 어려웠고, 정치 상황은 녹록지 않았으며, 당시 정부는 검찰을 이용하여 민주당을 옥죄고 있었다. 그리고 그 최전선에 국회 법제사법위원회가 있었다.

지금도 국회 법제사법위원회 회의에서는 정책보다는 그날 중요한 정치 기사나 이슈를 다루며 치열한 정쟁을 이어가고 있다. 사실 소속 위원들이 소관 기관의 정책에 관심이 없는 것이 아니라 이들 기관에 대한 법리적인 정책과 문제에 있어서 각자 탁월한 전문성을 가졌기 때문에 정당별로 견해가 첨예하게 갈리고, 그 이견의 배경에는 소속 정당의 유불리가 크게 자리 잡고 있기 때문이다.

보다 정쟁이 심할 수 밖에 없는 현실적인 이유는 국회 법제사법위원회 특성상 소속 위원들이 언론에 자주 노출되기 때문이

다. 먼저 위원장과 각 당의 간사, 유력 정치인들은 국회 법제사
법위원회 회의 때마다 강렬한 발언을 하면 국민에게 정치인으로
서 깊은 인상을 주고 이를 통해 인지도를 쌓을 수 있다.

예를 들어 강성 지지층에 소구력을 가진 정청래 법제사법위
원장이 민주당의 당대표로 등극하는 데 법제사법위원회는 지대
한 공헌을 했다. 문재인 정부에서 윤석열 전 검찰총장과 부딪히
던 추미애 전 법무부 장관도 좋은 예시다. 추미애 의원이 민주당
지도부에 의해 법제사법위원장을 맡은 이후 괜히 매서운 발언을
이어가겠는가? 기본소득당 몫으로 비례대표 국회의원이 되었지
만 민주당과 친분을 이어가는 무소속 최혁진 의원이 왜 2025년
10월 법제사법위원회 국정감사에서 조희대 대법원장을 '조요토
미 희대요시'라고 비방했을까?

2022년 10월 24일, 더불어민주당 김의겸 의원이 국회 법제사
법위원회 국정감사장에서 한동훈 당시 법무부 장관을 향해 청담
동 술자리 의혹을 제기한 근본적인 원인은 어쩌면 법제사법위원
회의 이런 기묘한 특성 때문인지도 모르겠다.

6. 국회 법제사법위원회 담당 민주당 선임비서관

왓챠 재직 시절 만난 이재명 당시 대통령 후보

2022년 10월 19일, 검찰 수사관의 민주당 중앙당사 압수수색 시도 중

6. 국회 법제사법위원회 담당 민주당 선임비서관

김동연 경기도지사 후보 캠프 근무 시절

7. 보수정당, 국민의힘 선임비서관으로 이직

국회 법제사법위원회에서 어렵게 국정감사를 마치고, 나는 다시 선택의 기로에 서야만 했다. 계속 근무하면서 법제사법위원회의 전문성(?)을 키워갈 것인지, 법제사법위원회보다는 정책적으로 성과를 낼 수 있는 다른 의원실로 이직할 것인지, 그것도 아니라면 아예 국회를 떠나 다시 기업으로 갈 것인지를 골라야 했다.

먼저, 법제사법위원회 전문성을 키우기란 쉽지 않았다. 내가 법조인 출신이 아니라는 점이 계속 마음에 걸렸다. 법학 계열 공부나 자격증이 법제사법위원회 근무의 필수조건까지는 아니라도, 내가 흥미를 가지며 위원회 이슈를 공부하고, 내공을 쌓아야 하지만 국정감사를 거치며 에너지를 거의 소진한 상황이었다.

다른 의원실로의 이직도 쉽지 않았다. 직전 의원실에서 4개월을 겨우 근무한 내가 법제사법위원회에서의 3개월 남짓한 근무 기간을 갖고 또 이동하는 데에는 무리가 있었다. 주변 선후배들로부터 내 실력이 부족해서라고 비난받고 싶지 않았고, 무엇보다도 여러 사정을 알면서도 나를 받아준 'C 의원님'께 도리는 아닌 것 같았다.

그러나 결국 나는 다시 기업으로 가는 길을 택하기로 했다. 하루하루 바쁘게 살아야 하는 국회 보좌진보다는 결혼을 준비하고, 안정적인 기업에서 윤택한 삶을 살기 위해서라는 그럴듯한 변명을 들었다. 사실은 겁이 났다. 법제사법위원회 근무 특성상 일반인이라면 만나지 않아도 될 판사, 검사, 경찰을 자주 만나야 했고, 당시 야당 보좌진으로서 석연치 않은 이유로 원치 않는 압수수색을 당할 것만 같았다.

이전 의원실에서와 마찬가지로 'C 의원님'은 면직에 대해 부정적이었다. 특히 국정감사 기간에 검찰로부터의 제1야당 당사 압수수색이라는 초유의 사태를 동지로서 함께 맞이하고 막아내지 않았던가. 당시 현장에서 우리는 검찰 수사관들의 진입을 함께 막아낸 역사가 있지 않는가.

다시 한번 생각해 보라는 'C 의원님'의 만류에 나의 면직은 조금 미루어졌다. 그러나 계속 생각할수록 이렇게 불안정하고 불안한 삶을 계속 살아갈 자신이 없었다. 일주일의 고민 끝에 나는 법제사법위원회 보좌진으로서 부족했던 나 자신에 대해 반성하

며 의원님께 내가 도움이 되지 않을 것이라고 다시 면직을 보고
드렸다.

　믿는 구석이 없는 것은 아니었다. 이직을 고민하던 시기, 문재
인 정부가 야심차게 주도한 세종 국가시범도시 스마트시티를 진
행하고 있던 전문건설업체, BS그룹(BS산업)의 러브콜이 들어왔
다. 앞으로 어떻게 살면 좋을지 모르겠다며 상담을 청한 나를 안
타깝게 여긴 민주당 선배의 소개 덕분이었다.

　"선배님, 저는 국회에서 보좌진으로 근무하는 게 좋지만, 공권
력과 계속 대치해야 하는 정당에서 일하는 게 두렵고 걱정이 큽
니다. 좋은 기회를 주셨으니 이번에 이직하게 된다면 다시 국회
에 돌아오지 않겠다는 각오로 다녀볼게요."

　서울 송파구 문정동에 있는 BS그룹으로의 이직 후, 나는 앞으로
이와 유사했던 일을 겪지 않을 것이라 확신했다. 여의도 쪽, 국회
는 돌아보지도 말아야지 하고 마음을 먹었다. 몇 달 후, 이전 의원
실에서 내 후임을 찾기 힘들어 다시 돌아와 달라는 보좌관님의 요
청에도 거절 의사를 표했다. 어떻게 빠져나온 국회인데. 나는 민주
당 중앙당사를 압수수색하려 나타난 검찰 수사관의 얼굴을 떠올리
며 치를 떨었다.

역사의 아이러니랄까. 몇 년 후 정권이 바뀌고 특검은 윤석열 전 대통령과 통일교 간 유착 의혹을 수사하며 제1야당으로 전락한 국민의힘의 중앙당사를 압수수색했다. 그리고 BS그룹에서 근무할 당시까지만 해도 내가 국민의힘 소속 국회의원실 보좌진으로 근무하게 될 줄은 알지 못했다.

국민의힘. 대한민국을 대표하는 보수정당이자 이 책의 원고를 쓰고 있는 2025년 10월 기준 제1야당의 지위로 대정부, 대여투쟁에 힘쓰고 있다. 민주당 보좌진 시절 상극의 이념을 가진 국민의힘에 대해서, 그리고 그 당시 윤석열 정부의 검찰로 인해 고생했던 역사가 있는지라 내게 좋은 감정이 있을 리가 만무했다.

그렇다면 나는 어떻게 국민의힘 의원실로 이직하게 되었을까? 그곳에서 일하고 있던 선배의 영향이 컸다. 그 선배는 내가 민주평화당 국회의원실 9급 비서로 근무하던 당시 건강보험심사평가원 국정감사를 준비해보라고 옆에서 조언을 해주며 도와줬던 인연이 있었다.

그 선배는 또한 내가 열린민주당에서 근무할 당시 OTT 스타트업 왓챠로 이직할 때 소개를 도와주며, 이미 국회에 오래 몸담으며 기업으로 이직하기 힘든 자신을 대신해서 후배인 내가 한창 성장하는 기업의 직장인, 임원으로 성장하길 바랐다.

그러나 그의 기대에도 불구하고 나는 국회로 돌아왔으며, 하필이면 이념적으로 정반대에 있는 더불어민주당의 선임비서관으로 경력을 쌓은 후 당과 관련이 깊은 호남에 기반한 기업으로 이직한 상태였다.

"사람이 없었다."

훗날 나를 다시 국회로, 본인이 근무하고 있던 국민의힘 'B 의원실'로 부른 선배의 이유였다. 의원실에서 함께 근무할 사람 자체가 없었다는 게 아니라, 일을 맡길만한 신뢰할 수 있는 후배가 없었다는 뜻이었다.

당시 'B 의원님'은 보건복지위원회 소속으로 활동하고 있었는데, 지도부의 선택으로 국회 운영위원회를 비롯해서 예산결산특별위원회 위원으로도 활약하게 되었다. 보건복지위원회 외에도 앞서 언급했던 가장 핵심적인 국회 상임위원회를 두 개나 더 맡은 것인데, 당연하게도 앞으로 보건복지위원회뿐 아니라 운영위원회와 예산결산특별위원회 몫으로 쏟아내야 할 정책 질의서가 산더미 같았다.

이전에 민주평화당 소속 국회의원실에서 합을 맞춰봤고, 보건복지위원회 국정감사 경험도 있다는 단순한 이유로, 나는 선배

7. 보수정당, 국민의힘 선임비서관으로 이직

가 근무하던 국민의힘 의원실의 선임비서관으로 다시 이직하게 된다. 무엇보다도 내 당적에 얽매이지 않고 선배를 전적으로 신뢰했던 당시 'B 의원님'의 판단 덕분이었다.

"과거를 묻지 않겠다. 당적 말고 너의 실력 하나만 보겠다."

첫 만남 때 'B 의원님'이 내게 처음으로 했던 말이다.

나와는 달리 생리적으로 이념이 다른 의원실로의 이직을 상상조차 하지 않는 보좌진이 있다. 그럴 수도 있겠다는 생각이 든다. 그런데 나라고 쉬웠겠는가? 검찰로부터 민주당 중앙당사가 압수수색을 당하던 때를 돌아보면, 원수네 집안에서 일하라는 것 아닌가.

무엇보다도 보좌진은 정치인이라고 할 수 없지만(자신을 그렇게 규정하는 사람도 있겠지만), 그동안 경력을 착실히 쌓아왔다면, 정책적으로, 이념적으로 반대편에 있는 의원실의 논리를 활용해서 자신만의 정책 역량을 펼치기 쉽지 않다. 일종의 자기 부정 아닌가.

그런데 나는 보좌진이란 자신이 모시는 의원님과 정당의 이념과 정책을 스펀지처럼 흡수하고, 이를 자신의 정책 역량에 '맞춰

나가는' 직업인이라고 생각한다. 국민을 위한 정책을 실제로 펼치는 것은 내가 아니라 전문적인 정치인, 국회의원 아닌가? 그렇다면 그를 보좌하는 사람은, 그 의원의 이념과 정책에 맞춰 결과물을 내놓아야 하는 직업인이다. 대한민국에는 파란색 국민이, 그리고 빨간색 국민이 따로 있지 않으니까.

그렇게 생각해보니, 감정을 잠시 접어둔다면, 국민의힘으로의 이직이 이상하다는 생각은 들지 않았다. 또한 정부·여당의 시각이나 정책이 어떻게 형성되고 펼쳐질 것인지 알 수 있는 좋은 기회였다.

무엇보다도 이전에 국회에서 근무했던 다수의 선배 보좌진들은 정당을 넘나들며 국민을 위한 정책을 만들어오지 않았던가. '철새 정치인'은 들어봤어도 '철새 보좌진'이라는 말이 성립하지 못하는 이유다. 우리는 다른 직업군과 마찬가지로 우리 가족의 생계를 책임지는 노동자이자 사회인, 돈을 받는 직장인이니까. 그런데 언제부터인지 이런 풍토는 사라지고 서로를 거의 원수나 적으로 규정하며, 자신을 정치인 수준으로 생각하는 보좌진이 늘어나면서 정당 간 이동은 쉽지 않은 것 같다.

소속 정당을 통해 선출직을 준비하거나 출신지 또는 굳건한 정치적 신념을 이유로 정당을 이동하는 보좌진을 이해할 수 없다는 분들은 존중한다. 그러나 격렬해지는 정치인들의 정쟁 속에서, 여당과 야당의 보좌진만큼은 상대 정당에 대한 예의나 이해를 기반으로 현재 자신이 속한 정당에 대해 자성하는 자세를 가져야 하지 않을까?

국민의힘으로의 이직은 한편으로는 왓챠 대외협력팀을 소개해 줬던, 선배에 대한 보은 차원이었다. 오죽하면 그 당시 민주당 출신임을 알면서도 나를 왓챠에 추천하고 이번에는 국민의힘 의원실로 불렀을까 싶었다. 게다가 이곳 '너섬객잔'을 떠나 언젠가 또(?) 기업으로 이직하게 된다면, 민주당과 국민의힘에서 모두 근무해 봤던 경력이 도움이 될 것이라 생각했다.

12.3 비상계엄이 터지기 전까지는 그랬다.

윤재옥 당시 국민의힘 원내대표 및 지도부, 원내대책회의 입장 중

8. 12.3 비상계엄과 탄핵

2024년 12월 3일, 그날도 여느 때와 다를 것 없었다.

BS그룹에서 국민의힘 'B 의원실'로의 이직 후, 나는 예산결산 특별위원회를 비롯한 상임위원회의 결산업무, 보건복지위원회, 운영위원회 국정감사와 예산안 업무까지 처리하며 의원실 내에서 중요한 인력으로 자리매김하고 있었다.

당시 2024년 총선을 거치며 재선에 성공한 'B 의원님'에 대한 친밀도와 충성도가 높아졌으며, 그해 6월 재보궐선거 역시 큰 격차로 승리했다. 또한 나는 2회차 보건복지위원회 국정감사에서 기자님들의 도움으로 수많은 단독 기사를 냈으며 '국민의힘 국정 감사 우수보좌진'으로 선정되어 업무의 보람도 느끼고 있었다.

새해에는 국회 사무총장 명의의 표창장을 받을 예정이었다. 더할 나위 없던 한 해였다. 연말이 다가오며 정기국회의 마지막 업무라고 할 수 있는 예산안 통과만이 남아 있는 상황이었다.

일반적으로 우리나라 각 정부 부처의 예산안은 매해 5월 31일까지 기획재정부로 제출하게 되어있다. 그리고 여러 차례의 칼질을 거친 최종 예산안은 국무회의 심의와 대통령 승인 이후 국가재정법에 의거, 회계연도 120일 전까지는 국회로 제출해야 한다.

국회에 제출된 예산안은 입법부의 대표인 국회의장이 각 상임위원회에 넘기고, 이때부터 각 상임위원회는 소관 부처에 대해 국정감사를 준비하며, 예산 관련 자료를 수집한다. 그리고 보통 10월 말 국정감사가 종료되면 그때부터 본격적으로 소관 상임위원회 위원들과 보좌진이 부처의 각종 사업에 대해 들여다보며 예산안이 적정한지, 예산원칙을 위배하지 않는지 등을 판단하여 증액과 감액의 의견을 제시한다. 또한 각 정당의 정무적인 이유로 어떤 부처의 사업은 전액 삭감되기도 한다.

심사 과정을 거친 각 상임위원회의 예산안은 다시 국회의장에게 보고하게 되어 있으며, 국회의장은 이를 바탕으로 국회 예산결산특별위원회의 종합심사를 받도록 한다. 이어 예산안이 예산결산특별위원회의 종합심사를 통과하게 되면, 매년 12월 초에 본회의를 열어 의결하여 확정된다.

물론 정해진 기한 내에 제대로 의결된 역사는 거의 없다. 국가의 예산도 결국은 정쟁의 영역이기 때문이다.

그날, 2024년 12월 3일도 마찬가지였다. 예산안 의결 시한은 이미 지난 상태였고, 윤석열 정부는 국회의 발목잡기를 비판하며, 심야 대국민 담화를 예고하고 있었다. 용산, 다시 말해 대통령실 핵심 인력과 큰 인연이 없었던 나는 속사정에 대해 알지 못한 채, 대통령의 의례적인 거대 야당 비판이 담화의 목적이라고 생각했다. 'B 의원님' 또한 개인사정으로 지역구에 계시던 때였다.

오후 9시 30분 ~ 10시 즈음 계획된 대통령의 대국민 담화를 앞두고 나는 국회 근처에서 저녁을 먹고 집으로 복귀하여 쉬고 있었다. 시간에 맞춰, 대통령실 유튜브 라이브를 재생했지만 예고한 시간이 지나도 대국민 담화는 송출되지 않았다. '그럴 수 있지. 종종 그래왔으니까' 나는 대수롭지 않게 딴청을 피웠고, 20여 분 뒤, 갑자기 담화가 송출을 시작했다.

행정관으로 보이는 인물이 의자를 조심스럽게 끌어다가 윤석열 대통령을 앉혔고, 윤 대통령은 준비한 담화문을 갈색 봉투에서 끄집어내어 천천히 읽어 내려갔다.

"존경하는 국민 여러분, 저는 대통령으로서 피를 토하는 심정으로 국민 여러분께 호소드립니다."

예상과 달리 첫인사부터 심상치 않았다. 윤석열 대통령은 더불어민주당의 각종 탄핵안에 대한 비난을 시작으로 제1야당이 국정을 마비시키고, 예산 폭거를 저지르고 있다고 강조했다. 늘 해오던 말이었기 때문에 여기까지는 그러려니 하고 넘어갔지만 그 이후 발언이 문제였다.

"…저는 북한 공산 세력의 위협으로부터 자유대한민국을 수호하고, 우리 국민의 자유와 행복을 약탈하고 있는 '파렴치한 종북'세력들을 일거에 척결하고 자유 헌정질서를 지키기 위해 비상계엄을 선포합니다."

이후에 발언이 더 이어졌지만 내 귀에는 들어오지 않았다. 담화문을 모두 읽은 윤석열 대통령은 소중히 준비한 담화문을 갈색 봉투에 다시 넣고는 자리를 이석했다.

계엄. 교과서나 영화에서나 들어봤던 계엄을 실제로, 대통령의 육성으로 듣자 나는 두려움에 온몸이 떨렸다. 그러나 곧, 보좌진의 습성에 따라 계엄의 뜻과 헌법상 근거를 찾아보았다.

대한민국 헌법 제77조

① 대통령은 전시·사변 또는 이에 준하는 국가비상사태에 있어서 병력으로써 군사상의 필요에 응하거나 공공의 안녕질서를 유지할 필요가 있을 때에는 법률이 정하는 바에 의하여 계엄을 선포할 수 있다.

② 계엄은 비상계엄과 경비계엄으로 한다.

③ 비상계엄이 선포된 때에는 법률이 정하는 바에 의하여 영장제도, 언론·출판·집회·결사의 자유, 정부나 법원의 권한에 관하여 특별한 조치를 할 수 있다.

④ **계엄을 선포한 때에는 대통령은 지체없이 국회에 통고하여야 한다.**

⑤ **국회가 재적의원 과반수의 찬성으로 계엄의 해제를 요구한 때에는 대통령은 이를 해제하여야 한다.**

다행이라고 생각한 지점은 헌법 제77조 제4항과 5항이었다. 계엄 선포에 대해 대통령은 국회에 통고할 것이고, 다수당을 차지하고 있는 더불어민주당과, 그 당시 대통령과 각을 세우던 한동훈 지도부의 국민의힘 역시도 제정신이라면 재적의원 과반수의 찬성으로 계엄을 금방 해제할 수 있을 것이었다.

나는 우선 간단히 짐을 챙겨 다시 국회로 복귀하기로 하고, 무작정 택시를 잡아 여의도로 달려갔다. 여기저기서 '대체 무슨 일이냐'고 전화가 걸려왔다. 계엄을 겪어봤던 세대는 '최대한 피해를 입지 않도록 조심하라'고 당부했으며, 비슷한 세대의 지인들은 '우리나라가 전쟁을 하는 것이냐'고 물어왔다.

나는 어안이 벙벙했고, 국회에 먼저 도착했던 다른 보좌진들로부터 정문으로는 출입할 수 없으니 쪽문으로 이동하라는 충고에 따라 국회 도서관 쪽 출입구로 다가갔다. 출입구를 지키고 서 있던 경찰로 보이는 인원은 내 국회 출입증을 보고, '곧 들어갈 수 없게 될 수도 있으니 어서 들어가시라'고 알려주었다.

부랴부랴 도착한 사무실은 아직 컴컴했다. 보좌관들은 내게 '곧 사무실에 도착한다'며 안전하게 문을 닫고 있으라고 지시했고, 나는 두려움에 몸을 떨며 문을 닫아두었다.

그런데 계엄이라는 말이 무색하게도, 국회 내 통신은 아직 이상이 없었다. 나는 자리에 앉아 컴퓨터를 켜서 실시간으로 전달되는 찌라시, 속칭 '받글'을 주고 받으며 지인들에게 국회 현장 상황을 공유해줬다. 친한 지인들과 함께 있는 단체 카톡방에서는 실제 장갑차가 지나가는 모습까지 전송되고 있었다.

상황은 점차 악화됐다. 군인들이 하나둘 국회로 몰려들고 있다는 소식도 들려왔다. 설마 했지만, 국회 의원회관 너머로 다수의 헬기가 날아오고 있는 소리가 들려왔다. 곧 총을 비롯하여 각종 살상 장비를 착용한 군인들이 국회 본청으로 달려가고 있었다. 복장만 봐도 일반 군인이 아닌 특수전에 능한 군인들이었다.

그러나 뭔가 이상했다. 군인들은 총을 자신의 등에 거치한 상태로, 총이 아닌 양손으로 자신들에게 다가오는 민주당, 국민의힘 보좌진들을 밀쳐내고 있었다. 무엇보다도 손쉽게 국회를 제압할 수 있도록 훈련받은 군인들이, 어설프게 보좌진들을 밀쳐내며 민주당 대표실 쪽 사무실 창문을 깨서 천천히 진입하는 것을 보고 이들도 억지로 이곳에 끌려왔다는 것을 어렴풋이 알 수 있었다. 긴장감은 곧 분노로 바뀌었고, 그곳에 모인 보좌진들은 어느 당이고 상관없이 소리를 지르며 군인들에게 '돌아가라'고 고함치고 있었다.

계엄 포고 후 당시 국민의힘 지도부도 기민하게 대응하고 있었다. 한동훈 당대표는 의원들을 국회로 소집했고, 곧 의원총회가 열릴 예정이었다. 그런데 의원총회 개최 장소와 관련하여 여러 차례 변동이 생겼다.

계엄군이 국회 본청의 유리창을 깨고 진입하는 등 상황이 급박

하게 돌아갔지만, 그 사이 다행스럽게도 민주당을 비롯한 야당 의원 172인과 한동훈 당대표의 지시에 따르던 국민의힘 소속 여당 의원 18인이 계엄 해제 표결에 참석하여 찬성표를 던졌다. 우원식 국회의장도 비상계엄 선포는 무효이므로 군·경 병력은 철수하라고 촉구했으며, 국회법에 따른 의안 상정 절차를 차분하게 준수하며 비상계엄 해제 표결을 가결시켰다. 2024년 12월 4일 새벽 1시 1분의 일이었다. 한밤중의 비상계엄은 그렇게 절차적 오류 없이 깔끔하게 해제된 것이다.

비상계엄은 해제가 되었지만, 군인들은 복귀하지 않고 국회 주변을 계속 지키고 있었다. 계엄 해제 표결 이후 국회 본청 안에 모인 민주당 보좌진 선후배들은 내게 다가와 다친 데 없냐고 물었고, 너나 할 거 없이 황당한 표정으로 '이게 다 무슨 일인가' 하고 잠시 수다를 떨었다.

다시 사무실로 돌아갔더니, 일단 상황이 종료되어서 "걱정 말고 집으로 복귀하라"는 보좌관의 지시를 받고 새벽 4시즈음에야 집으로 돌아갔다. 그리고 뜬눈으로 밤을 지새우다 어느 순간 짧은 잠에 빠져 들었다. '내일 출근은 몇 시에 하는 걸까?' 같은 조금은 엉뚱하지만 현실적인 고민을 하면서.

내가 잠깐 잠든 사이 윤석열 대통령은 새벽 4시 27분 대국민 담화를 발표했다. 윤 대통령은 국회의 요청대로 군을 철수시켰으며 비상계엄 선포를 즉각 해제한다는 예고를 발표했지만, 국무회의 의결 정족수 미달을 이유로 들며, 정족수가 채워지면 곧 계엄을 해제하겠다고 발표했다. 대국민 담화 이후 계엄사령부는 곧 해체되었으며 추경호 당시 국민의힘 원내대표가 비상계엄령 선포에 대한 유감을 표명하면서 오전 8시에 의원총회를 공지했다.

12.3 비상계엄의 여파는 엄청났다. 민주당을 비롯한 야당들은 윤석열 대통령에 대한 탄핵소추안 처리 관련 본회의 개최와 표결 동참을 강하게 요구했다. 그러나 당시 원외, 그러니까 현직 국회의원이 아닌 한동훈 당대표와 국회의원들이 주축인 지도부 간에 미묘한 시각 차이가 있었다.

충격적인 뉴스는 계속해서 이어졌다. 한동훈 당대표는 12월 6일 국회에서 열린 긴급 최고위원회의를 통하여 "지난 계엄령 선포 당일 윤석열 대통령이 주요 정치인 등을 반국가 세력이라는 이유로 체포하도록 지시했다는 사실을 확인했다"면서 "윤 대통령에 대한 조속한 직무집행 정지가 필요하다"고 견해를 밝혔다. 이어서 한 대표는, "준비 없는 혼란으로 국민과 지지자들의 피해를 막기 위해 이번 탄핵안이 통과되지 않도록 노력하겠다고 말씀드렸지만, 새로이 드러나는 사실 등을 감안하면 대한민국과 국민을 지키기 위해 윤 대통령의 조속한 직무집행 정지가 필요하다고 판단한다”고 강조했다.

12.3 비상계엄의 여파에도 당시 국민의힘은 박근혜 전 대통령 사례를 들며 ‘탄핵 반대’를 당론으로 정했지만, 이날 한동훈 대표의 견해는 사실상 탄핵에 찬성하자는 기류로 바뀐 것이었다. 그러나 이후 10시간이 넘는 비공개 의원총회 결과, 윤석열 대통령에 대한 탄핵 반대 당론은 ‘유지’였다. 질서 있는 퇴진을 해야 한다는 것이 주된 이유였다. 바로 다음 날인 12월 7일 예정된 국회 본회의에서 국민의힘은 윤석열 대통령에 대한 탄핵안을 두고 반대의 뜻을 정한 것이다.

일부 언론에서는 6일, 윤석열 대통령이 국회를 방문하여 국민의힘 의원총회에 참석할 것이라는 보도가 흘러나와 국회 본청은 아수라장으로 변했다. 민주당을 비롯한 야당의 성난 보좌진과 당직자 등은 국회 본청 정문 입구에서 로텐더홀로 이어지는 계단에 앉아 ‘윤석열을 탄핵하라’ 라는 피켓을 들고 ‘내란범 윤석열’이 국회에 들어오지 못하게 막겠다는 결의를 보이고 있었다. 대통령실 측에서 해당 보도에 대해 사실이 아니라고 부인하며 해프닝으로 끝났지만, 7일 본회의가 어떤 분위기 속에 진행될지 보여주는 전초전이었다.

운명의 날이 밝아왔다. ‘거부하면 공범이다’라고 적힌 피켓을

든 야당 보좌진 및 당직자 일동은 국회 본회의장에 집결하여 국민의힘 의원들과 보좌진, 당직자들을 원망 어린 시선으로 바라보며 '윤석열 탄핵'을 소리치고 있었다. '성난 민심의 바다'라고 부를 정도로 국회의사당을 가득 메운 군중의 고함 소리도 국회 본청까지 들려왔다. 일촉즉발의 상황이었다. 서로 다른 정당의 직원들끼리 폭력 사태가 발생했다는 찌라시도 돌고 있었다. 설상가상으로 이날 안건에는 김건희 여사 특검법 재의요구안까지 포함되어 있었다.

혹시나 있을지도 모르는 물리적 충돌을 피하기 위해, 민주당 등 야당은 피아식별용으로 준비한 '윤석열 퇴진'이라는 스티커를 서로 나눠주며 안전을 당부했다. 국민의힘 직원들의 사정도 크게 다르지 않았다. 국회의사당역 주변을 애워싸고 있는 성난 인파를 피해가기 위해, 친분이 있는 민주당 보좌진들을 통해 '윤석열 퇴진' 스티커를 공유받으며 혹시나 모를 사태에 대비하려고 했다. 그러나 나는 탄핵안 통과는 전날의 당론 때문에 확신할 수 없지만, '탄핵안 표결' 자체가 불성립하리라는 생각은 전혀 하지 않았기 때문에 상대적으로 무관심한 반응을 보이고 있었다.

오후 5시 즈음 국회 본회의가 개의되고 긴장감은 고조되었다. 무엇보다도 이날 국민의힘은 윤석열 대통령 탄핵소추안 뿐만 아니라 김건희 여사 특검법 재의요구안까지 모두 부결시키기로 당론을 정한 상태였다.

본회의장 앞과 로텐더홀은 격양된 민주당을 비롯한 야당 의원들과 보좌진, 당직자들로 인산인해였다. 안전을 위해 동원된 국민의힘 보좌진과 당직자들은 손을 맞잡고 인간띠를 만들어 국회의원들의 의원총회 및 본회의장 이동을 도왔다.

예상대로 국민의힘 의원들은 당론에 따라 우선 김건희 여사 특검법 재표결에 참석하여 부결시켰다. 총 투표 300명 중 가결 198명, 부결 102명이었다. 그런데 갑자기 윤석열 대통령 탄핵안 표결 전 국민의힘 의원들이 단체로 퇴장하기 시작했다. 본회의장 앞은 곧 아수라장으로 변해갔다.

성난 일부 민주당 보좌진과 당직자들은 본회의장을 퇴장하는 국민의힘 의원들과 국민의힘 보좌진들에게 손가락질하며 '내란 부역자, 공범'이라고 외치며 몰려왔다. 사무처 방호과 직원들의 안내를 무시한 채 달려오는 분노한 그들을 막기 위해 나를 포함하여 인간띠로 동원된 국민의힘 보좌직원들은 안간힘으로 버티며 분노한 무리를 밀쳐냈다. 민주당 직원들의 눈에 국민의힘 보좌진, 당직자는 나치 공범이자 일제 부역자였다. 야만과 야생의 현장이었다.

'누가 국민의힘으로 넘어가래?' 내가 한때 민주당의 보좌진이었다는 사실은 전혀 중요하지 않았다. 물리력을 행사하려고 달려온 일부 야당 직원들은 티끌 하나 없는 무결점의 '깨끗한 선'이었고, 국민의힘은 '철저한 악'이자 '존재 자체가 잘못'이었으며 당이 다르더라도 너섬객잔이라는 같은 공간에서 밥을 먹고 개인적인 담소를 나누며 가끔 속 깊은 정보를 나누던 '동료'가 아니었다.

그 순간 2022년 법제사법위원회 국정감사장이 생각났고, 민주당을 비롯한 야당 직원들의 분노를 조금 이해할 수 있었다. "내가 저들과 같은 편에서 근무하고 있었다면, 나라고 달랐을까?" 12.3 비상계엄의 밤, 우리는 군인들의 총에 목숨을 잃을 수도 있었다.

그때였다. 그 야만과 야생의 현장에서 위태롭게 서 있던 나에게, 친분이 깊은 민주당 출신 선배들이 조심스럽게 다가와 스티커를 붙여주며 최대한 구석으로 피해있으라고 속삭였다.

참담하고 아찔했던 며칠의 소동이 더 이어진 후 2024년 12월 14일, 윤석열 대통령 탄핵안은 국회 본회의 문턱을 넘었다. 그리고 2025년 대통령 선거의 막이 올랐다.

2024년 12월 3일 국회 본청 앞 계엄군과 뒤엉킨 국회 보좌진과 기자들

2024년 12월 3일 비상계엄 해제 이후 국회 본청 앞

2024년 12월 3일 비상계엄 당시 국회 본청 후문 쪽 집기류 방어막

2024년 12월 14일 윤석열 대통령 탄핵안 표결 통과 후 국회 본회의장 앞

2024년 12월 14일 국회 로텐더홀
윤석열 대통령 탄핵소추안 표결 직후

9. 제21대 대통령 선거, 그리고 퇴사

1부

윤석열 대통령 탄핵 이후, 제21대 대통령 선거의 결과는 보지 않아도 알 수 있었다. 그러나 국민의힘 지도부는 이재명 당시 민주당 후보에 대한 여러 사법 리스크를 거론하며, 오히려 이재명 후보야말로 가장 무난한 상대라고 자평하고 있었다. 이재명 후보보다는 국민의힘의 대통령 후보 선출 과정이 더 문제였는데도 그랬다.

당시 무소속 대통령 후보이자, 대망론의 주인공이었던 한덕수 전 국무총리와 단일화를 가장 잘 이뤄낼 국민의힘 후보가 누구인지가 화두였다. 한덕수 후보가 가진 중도 확장성을 무기 삼아 국민들이 좋아하는 드라마적 요소를 이용해 국민의힘 후보가 단일화를 극적으로 해낸다면 이재명 후보를 반드시 이길 수 있을 것이라 믿는 분위기가 있었기 때문이다.

당내 대통령 후보 경선 과정에서 국민의힘 홍준표, 안철수, 한동훈 후보를 차례로 이긴 김문수 후보는 한덕수 후보와의 단일화를 가장 강하게 강조한 후보였다. 또한 비상계엄과 윤석열 대통령 탄핵 소추 과정에서 탄핵 반대 세력의 강력한 지지를 받아 경선후보 1위를 지키고 있었다. 국민의힘 후보로 선출된 후 늦지 않게 합당한 방법으로 반이재명 전선의 빅텐트를 치겠다고 자신했고, 단일화 문제를 해결할 유일한 후보로 홍보했던 김문수였다.

그러나 최종적으로 대선 후보로 선출된 김문수 후보는 국민의힘 지도부와 단일화 시점에 대해 큰 갈등을 빚었다. 갈등의 골은 점점 깊어졌고 국민의힘 지도부는 기존 경선 결과를 파기하고 한덕수 후보로 후보 교체를 시도했다. 이에 반발한 김문수 후보는 정치 헌정사상 유례없는 사태에 대해 법적·정치적 조치를 거론하며 서울 여의도 국민의힘 중앙당사에 마련된 대통령 후보실에 들어갔다. 제21대 대통령 선거의 결과를 미리 엿볼 수 있는 순간이었다.

당원 투표를 통해 대선 후보 교체 안건이 부결되며 김문수 후보가 극적으로 국민의힘의 대통령 후보 자격을 유지했지만 여파는 상당했다. 선거 유세 초기 과정에서 대다수의 국민의힘 의원들과 직원들은 김문수 후보의 이름이 없는 단체 유니폼을 입고 유세 현장을 뛰어다녔고, 현장의 반응은 냉랭했다. 특히 국민의힘 강세 지역구 유세 현장은 더욱 냉정했다. 다들 입을 모아 아

9. 제21대 대통령 선거, 그리고 퇴사

래와 같이 비판했다.

'비상계엄 때문에 어쩔 수 없이 하게 된 대통령 선거에서 자기들끼리 후보도 못 정하고 참 여유롭다'

'후보 이름도 없는 유니폼 입고 누구를 지지하라는 거냐'

고육지책으로 당시 유세 자원봉사자들은 김문수 후보의 얼굴이 크게 프린트된 널빤지를 목에 걸고 다니거나 피켓을 들고 다니며 지지를 호소해야만 했다. 그나마 다행(?)스럽게도 주요 당직자를 비롯한 국회의원들만큼은 나중에 김문수 후보의 이름이 적힌 유니폼을 입고 유세 현장을 다닐 수 있었다. 그리고 시간이 지나면서 김문수 후보의 청렴함과 가족들의 단란함이 부각되며 냉랭한 중도 유권자들의 표를 조금 얻을 수 있었다. 물론 전체적인 선거 판세에 큰 도움을 주지는 못했다고 생각한다.

한편으로는 김문수 후보가 불쌍하다며 동정하는 지지자들도 있었다. 김문수 후보가 그 나이에 힘들게 대통령 후보가 되었는데, 특정 계파 때문에 제대로 된 지원을 받지 못한 상태로 대통령 선거에 나선 것이라며 주변에 더욱 적극 지지를 요청하겠다는 분들도 계셨다. 패배감과 창피함을 애써 감추며 전국에서 선거 운동을 전개한 국민의힘 조직은 아마도 이런 고마운 분들의 마음을 믿고 대통령 선거를 끝까지 완주할 수 있었을 것이다.

물론 반전은 없었다. 2025년 6월 3일 대통령 선거 결과 더불어민주당 이재명 후보가 제21대 대통령으로 당선된 것이다. 그러나 놀랍게도 이재명, 김문수 후보 간 격차가 그다지 크지 않았다. 지역별 선거 결과, 대한민국의 지도를 보니 왼쪽 지역의 파랑과 오른쪽 지역의 빨강의 대비가 선명했다. 이 정도면 대한민국은 북한과의 분단 말고도, 동과 서가 거의 분단된 상태라고 볼수 있다.

선거를 마치고, 나는 앞으로 국민의힘 내 역학관계가 쉽게 변하지 않을 것이라는 생각을 하면서 비상계엄부터 이어진 무거운 짐을 내려놓고 싶다는 생각을 갖게 되었다.

제21대 대통령 선거 결과를 무겁게 받아들인 국민의힘은 제6차 전당대회의 슬로건으로 '다시 국민이다'를 외치며 새로운 당대표와 지도부를 선출했다. 그리고 새로운 국민의힘 장동혁 지도부는 장외투쟁과 필리버스터를 무기로 이재명 정부와 더불어민주당에 아직까지도 연일 맞서고 있다.

나에겐 쉼이 필요했다. 업무의 보람을 느낄 수 없었다. '내란동조'라는 낙인의 상처도 깊었다. 서로를 향한 증오와 혐오, 비난으로 가득 찬 국회에서 숨을 쉬는 것조차 쉽지 않았다. 비상계엄과 통일교, 김건희 여사의 공천개입 등 이전 윤석열 정부와 관련 있는 사람들에 대한 특검의 수사가 연일 이어진다. 진실을 찾는 과정에서 어쩔 수 없이 다치거나 죽는 사람이 계속 나올 수밖에 없을 것이다.

무엇보다 대한민국의 정통성 있는 보수정당을 자처하는 국민의힘은 한나라당 시절 차떼기 파동(불법 대선 자금)으로 몰락의 길을 걸을 때, 당사를 헌납하고 천막 당사로 당의 현판을 옮겼던 때 만큼의 역동성을 보여주지 못하고 있다고 생각한다.

지난 2024년 12월 3일 비상계엄은 보수정당의 명맥을 끊어버린 치명적인 사건이 아닌가? 그렇다면 국민의힘은 한나라당 시절처럼 당명을 바꾸고, 당사라도 팔아 민생 현장으로 나가서 국민께 계속 용서를 구해야 하는 것 아닌가? 혁신은 더디고 계파 간 비난만 이어지는 것 같다. 대한민국 정치의 한 축을 담당하는 보수 진영의 끝을 알 수 없는 추락과 몰락은 한편으로는 비극이 아닐 수 없다.

혹자는 국민의힘이 보유한 막대한 재산과, 바른정당 실패 이후 각인된 학습효과 때문에 신당을 창당하지 못한다고 한다. 시간이 지나 이재명 정부의 실책이 이어지면 ‘언젠가’ 국민의힘에게 집권의 때가 올 것이라고 기대하는 의원들도 있다. 그러나 도전하지 않는 자에게 '언젠가'라는 날은 존재하지 않는다. 무엇보다 국민은 그때를 기다려주지 않는다.

거대 의석을 바탕으로 행정 권력까지 거머쥔 여당, 더불어민주당의 미래도 알 수 없다. 당원의 의견은 물론 소중하지만 더불어민주당은 원내 다수 의석을 가진 '대한민국 국민'의 여당이다. 자신들을 지지하지 않는 다수의 국민 의견도 경청하고 최대한 품어야 하는 것이 여당의 품격이고, 그것이 내가 존경하는 김대중-노무현 정신의 진정한 계승이다.

이런 상황에서 지금 당장 일개 보좌진에 불과한 내가 할 수 있는 일은 보이지 않았다. 나는 모시던 'B 의원님'께 건강상 이유를 들어 양해를 구하고, 어디로 가야할지 모르겠지만 우선 짐을 챙겨 정든 너섬객잔을 나왔다.

제21대 대선의 후폭풍이 휘몰아치는 국회를 나는 조용히 걸어나왔다

10. 계엄 1년 후, 거미집의 성으로 변해가는 너섬객잔

2024년 12월 3일 윤석열 전 대통령의 비상계엄 선포 후, 1년 이 지난 2025년 12월 3일. 국회는 민주주의를 지켜낸 시민들의 따뜻한 숨결로 가득 차 있었다.

국회사무처와 한국사진기자협회 주관으로 본청 진입로를 따라 설치된 사진 전시대에는 계엄 당시의 진귀한 풍경들이 걸려 있 었다. 방금 촬영된 듯 선명한 조명 아래, 귀를 따갑게 때리는 헬 기 소리와 계엄군과 뒤엉킨 2024년 그 날의 서늘한 공기까지 다 시 들이켜지는 기분이었다.

국회 의원회관 근처 길목을 지나자, 보수와 진보 논객을 자처 하는 사람들의 외침이 차가운 겨울 공기를 갈랐다.

"계엄 1년, 책임자 단죄, 민주주의 회복!"
"내란몰이 지겹다! 야당 탄압 중단하라!"

발걸음을 옮겨 국회 앞 도로로 나가보니 포위하듯 늘어진 시민의 행렬이 이어지고 있었다. 제각기 촛불이나 응원봉을 들고 있었고, 휴대폰 플래시를 흔들기도 하면서 천천히 움직였다. 목마를 태운 아이의 귀엽고 작은 손을 잡고 흔들던 부모의 손에도, 펜스에 기대어 사진을 구경하던 노인의 등에도, 그날의 비극적인 계엄의 저주가 조금씩 풀려나고 있는 것처럼 보였다.

국회도서관 앞 쪽문 근처는 또 다른 볼거리였다. 방송사 카메라가 한 줄로 늘어서 있었고, 한마디라도 놓치지 않겠다는 자세로 차가운 땅바닥 위에 앉은 기자들은 귀를 쫑긋 세우며 손에 든 노트북을 찢어질 듯 꼭 쥐고 있었다. 한동훈 전 국민의힘 당대표가 1년 전 계엄 해제를 위해 시민들, 국민의힘 동료들과 함께 국회로 들어갔던 국회 도서관 쪽문(국회 내부)에서 기자회견을 할 예정이었다.

한동훈 대표의 기자회견장 근처에 서 있던 경찰들의 무전기에는 '12·3 내란외환 청산과 종식, 사회 대개혁 시민 대행진'에 참석할 예정인 이재명 대통령을 위해 끊임없이 짧은 명령이 오갔다.

"5분 후 이동합니다."
"통로 확보하세요."

이재명 대통령이 시민들과 함께 행진에 나선다는 사실만으로도 국회 주변의 공기는 뜨겁게 달아올랐다. 일부는 감격했고, 일부는 분노했다.

어떤 이는 "대통령과 빛의 혁명을 완수하겠다" 고 환호했고, 어떤 이는 "대통령이 민주당만을 위한 대통령이냐"라며 혀를 찼다. 그럼에도 모두가 이 순간이 단순한 '행사'가 아니라 무너진 민주주의의 균열을 다시 꿰매려는 몸부림 같은 장면이 될 것이라는 데에는 묵묵히 동의하는 듯했다. (행사 당일, 경호상 문제로 이재명 대통령의 행진은 취소됐다)

그러나 국회 앞을 메운 열기와 행진의 웅성거림 속에서, 나는 한 가지 묵직한 의문을 떨칠 수 없었다. 이렇게 많은 시민이 모였고, 이렇게 많은 말과 외침이 흐르는데 정작 국회라는 공간은, 오늘날 '민의의 장'이라는 이름을 잃어버린 것처럼 느껴졌다. 민의를 포용하는 광장이 아니라 내부 검열과 정치 보복의 실험장이 되어 있었다.

오늘날 대한민국은, 민의의 대리자들이 있어야 할 국회의 공기에는, 오히려 더 짙은 피로감이 깔려 있었다. 여야 모두 '민주주의 수호'라는 말로 포장되어 있으나, 그 포장지 속에는 권력을 움켜쥔 자들만이 이해하는 단단한 선민의식이 숨어있었다.

외침이 클수록, 어떤 사람들은 국회 담장 주변에 더 높게 쌓여가는 보이지 않는 성벽을 느끼고 있는 것 같다.

성벽을 쌓는 자는 늘 "백성을 지키기 위해서"라고 말한다. 그러나 성벽의 본질은 '가두기'이고, 성벽의 그림자는 내부에 살고 있는 백성을 향한다는 것을 역사가 증명해왔다.

국회의사당 뒤편 어둠이 더 짙어질 무렵, 나는 우연한 기회로 너섬객잔을 빠져나와 집으로 돌아가는 길을 택했다. 9월의 가을비가 머금은 차가운 밤공기가 내면에 흘러들어오며 피로에 지쳤던 의식이 또렷해졌다. 그러나 객잔을 나온 내가 어디로 나아가야 할지, 어디에서 다시 회복해야 할지 알 수 없었다. 그 불안한 감정의 정체를 붙잡고 싶어 나는 구로사와 아키라의 《거미집의 성》과 셰익스피어의 《맥베스》라는 고전을 펼쳤다.

구로사와 아키라의 《거미집의 성》 속 무장, '와시즈 타케토리'는 안개 속을 헤매던 중 정체 모를 존재로부터 "왕이 될 것"이라는 신탁을 받는다. 그 한마디가 그의 운명을 결정했다. 그는 탐욕에 가득찬 아내와 함께 모시던 주군을 죽인 후 성을 쌓고, 의심을 쌓고, 광기를 쌓는다. 그러나 탐욕은 언제나 가장 가까운 곳에서 배신을 낳는다. 거미집처럼 얽히고설킨 비극의 덫에 걸린 최후의 순간, 그를 향해 칼을 든 것은 오래된 적이 아니라 한

때 동료였던 사람들이었다.

《거미집의 성》의 원작인 《맥베스》도 마찬가지였다. 스코틀랜드의 왕족 '맥베스'는 전장에서 충성을 다한 장수였으나, 마녀가 속삭인 "왕이 될 것"이라는 예언 한 줄이 그의 옆구리에 권력의 그림자를 심었다. 예언에 휘둘린 그는 주군을 죽이고 동료를 의심했으며, 경쟁자를 제거했고, 심지어 죄의 무게를 덮기 위해 더 많은 죄를 포개어 올렸다. 권력을 지키기 위해 성벽만 높이는 그의 손끝에서, 결국 가장 먼저 무너져내린 것은 자기 자신이었다.

와시즈와 맥베스가 받은 신탁과 예언은 모두 그들의 심리 깊은 곳에서 잠들어 있던 탐욕을 깨우는 기폭제였다. 그리고 탐욕은 항상 다음의 단계를 밟는다.

1. 현실보다 예언을 믿는다
2. 동료를 의심한다
3. 경쟁자를 제거한다
4. 죄를 덮기 위해 더 많은 죄를 짓는다
5. 성벽을 쌓고 스스로를 고립시킨다
6. 결국 배신당하고 쓰러진다

이 비극의 문법은 오늘날 대한민국 정치에도 거의 완벽하게 적

용된다.

> 1. 여야 모두 예언(다음 총선 및 지선 승리, 다음 정권 재창출 등)에
>   취해 있고
> 2. 동료를 향한 의심이 내부 분열로 이어지고
> 3. 상대를 '악'으로 규정하는 관념적 살해가 이어지며
> 4. 정치적 '정당화' 아래 시민의 권리가 서서히 축소된다
> 5. 그리고 결국 자신들이 쌓은 성벽에 스스로 갇히는 신세가 된다

와시즈와 맥베스의 비극은 단순한 옛이야기가 아니다. 국회라는 권력의 공간에서, 소통관 내 기자회견장의 조명 아래에서, 국정감사장에서 뽐내듯 목소리를 높이고 강성 당원에 흔들리던 정치인들의 얼굴이 떠오른다. 여야 할 것 없이, 오늘날 정치인은 모두 비슷한 신탁을 듣는 듯 행동하고 있다.

"당신이 곧 왕이 될 것이다."
"다음 권력은 너희 것이다."
"지금 저들을 꺾어야만 너희가 살아남는다."

어떤 이는 권력을 향한 탐욕 때문에, 어떤 이는 정의라는 이름의 자기 취기에 취해, 모두가 자신만은 비극의 주인공이 되지 않을 거라 믿고 뛰어든다.

그러나 고전이 말해주는 결론은 분명하다. 탐욕으로 세운 권력은 언제나 비극으로 끝난다. 성벽을 쌓는 자는 결국 성벽에 갇히고, 동료를 의심한 자는 동료의 칼끝에 쓰러지며, 시민을 위협한 자는 시민의 심판으로 무너진다. 탐욕의 칼을 든 자는 그 칼끝을 언젠가 그대로 돌려받고, 정의의 이름으로 자행한 폭력은 결국, 정의를 외친 자의 발목을 잡는다.

2025년 12월 3일. 계엄 1년을 맞은 오늘의 대한민국 정치도 다르지 않다. 국회 앞에서, 이재명 대통령과 국민의힘 지지자들의 행진 소식이 뒤섞인 시민의 환호 속에서, 나는 두 고전을 통해 우리네 정치의 비극적 결말을 불현듯 실감한다. 권력을 탐하는 한, 결말은 이미 예언되어 있다. 물론 5년 만에 법정시한을 준수한 2026년도 예산안이 여야 합의 처리된 것처럼 희망이 없는 것은 아니다.

그 여정의 한복판에서 나는 너섬객잔이 비극적 결말을 맞은 '거미집의 성'으로 변모하지 않기를 기도한다. 진실은 거창한 풍경이나 현상 속에 있는 것이 아니라, 그 풍경이나 현상 앞에 멈춰 선 '깨어있는 국민'들의 깜빡이는 숨결 속에 살아 있다는 것을 믿으며.

2025년 12월 3일 국회 잔디광장 '12.3 계엄 해제' 상징석 앞에서

2부

1. 정치인의 두 얼굴

제21대 대통령 선거 이후 이재명 정부가 출범하고 열린 첫 인사청문회는 정국을 뜨겁게 달구었다. 특히 지난 7월 여성가족부 장관 후보자로 지명된 강선우 국회의원의 '보좌진에 대한 갑질 의혹 논란'이 우리네 보좌진들 사이에서 가장 화두였다.

2025년 7월 9일 모 언론은 강선우 후보자가 자신의 보좌진에게 자신의 집에서 나온 쓰레기를 버리게 하거나, 고장난 변기를 수리하라는 지시를 했다고 보도했다. 지난 21대 국회 당시 초선 국회의원이었던 강선우 후보자의 보좌진 E씨는 강 후보자가 수시로 쓰레기 상자를 버리라고 지시했다고 증언했고, 자택 변기에 문제가 생겼을 때는 또 다른 보좌진 F씨에게 직접 살펴보라고 지시했다는 것이다.

언론 보도에 대한 해명이 이어졌고, 강선우 후보자가 2020년 국회의원 당선 이후 무려 40번이 넘도록 보좌진을 자주 면직했다는 보도가 나왔다. 강 후보자는 이를 두고 직급 변동에 따른

중복 계산이 포함된 수치이며, 실제 면직자는 28명 수준이라고 밝혔다.

이를 일종의 여론 반전의 기회로 삼은 국민의힘은 국회의원 보좌진들의 익명 커뮤니티, '여의도 옆 대나무숲'의 제보를 활용하기로 마음 먹었다. 국회의원 보좌진으로 근무 중이라는 인증을 거쳐야만 글을 올릴 수 있는 익명 커뮤니티에는 강선우 후보자가 개인적인 가전이나 가구를 구매할 때 견적을 비교하여 뽑아오라고 하고, 백화점을 돌며 명품을 사오라고 했다는, 검증되지 않은 자극적인 주장이 다수 나왔다. 10분에 한 번씩일 정도로 울리는 강선우 후보의 욕 문자나 고함도 포함됐다.

'그 정도는 다른 국회의원들도 비슷한 사례가 있었던 것 같은데?'

처음 해당 보도를 접한 내 심정이었다. 물론 이건 강선우 후보자에 대한 비호나 이해가 아니다. 각양각색의 배경과 성격을 가진, 서로 다른 300명의 국회의원실 모두가 상식적이고 정상적으로 작동한다고 생각하는 것 자체가 참 우스운 일 아니겠는가.

폭로성 기사가 이어졌다. 강선우 후보자가 의원실 내 조직적인 왕따를 주도하고 면직한 보좌진의 타 의원실 재취업을 방해했다는 주장이 나온 것이다. 증언도 구체적이었다. 실제로 몇몇 선후배 보좌진들에게 강선우 의원실 출신이 재취업하는 데 어려움을 겪고 있다는 이야기를 들은 적도 있다. 그러나 어디까지나 당사자가 아닌 이상 진실은 알 수 없다. 이는 너섬객잔 특유의 '받글 문화' 때문인데, 이에 대해서는 다음 파트에서 후술하여 자세히 설명하도록 한다.

나는 그동안 지나온 의원실을 비롯하여 당시 친분이 깊었던 선후배 보좌진들의 경험담을 복기해봤다. 강선우 여성가족부 후보자를 둘러싼 논란의 일부는 실제 경험해보기도 했고, 곁에서 지켜보며 학을 뗐던 일이었다.

분노조절 장애를 갖고 있음에도 지역구민들에게 이러한 사실을 들키고 싶지 않아 병원에 다니지 않는 의원에게 고통받았을 때가 있었다. 당시에 나는 의원의 잘못을 따지지 않고, 내가 업무적인 능력이 부족하여 그만두겠다고 보고를 했다.

언론에는 신념이 깊고 국민에 대한 진정성 있는 자세로 칭송받았으며, 한때 양심있는 보수의 국회의원이라고 평가를 받는 분도 있었다. 그러나 그 국회의원은 아직 잘 알려지지 않아서 그렇지, 실은 자신의 보좌진들에게 고함을 치거나 화를 내고 있으며, 법에 저촉되는 행위가 최근에 탄로 나서 국민적 지탄도 받게 되었다. 그의 진실된 모습이 곧 밝혀질 것이라고 본다.

냉철하고 매서운 강경 발언으로 대중적인 인기를 끌었지만 순간의 실언으로 논란의 대상이 된 민주당 모 의원의 경우, 사석에서 만날 때는 유쾌하고 상식적인 성격의 소유자였다. 무엇보다도 외모와 달리 술을 단 한잔도 입에 댄 적이 없다는 사실은 충격적이었다.

단 한 번도 직원들에게 목소리를 높이지 않고 화를 내지 않지만, 술을 한잔이라도 입에 댄 날에는 밤늦게 텔레그렘으로 오타 하나 없이 그동안 본인이 느끼고 있는 의원실의 부족한 점을 빽빽하게 적는 국회의원도 있었다. 그리고 그 다음 날에는 두려움에 떨며 걱정하는 보좌진들에게 무슨 일이 있었냐며 모른 척 하는 그 의원의 모습은 실로 공포스러웠다.

민주당 중앙당사 압수수색 시도로 분노한 민주당 국회의원들이 당시 윤석열 정부를 비롯하여 김도읍 당시 법제사법위원회 위원장에 대한 비토를 이어갈 때도 슬그머니 뒤에서 시늉만 하던 민주당 의원 역시 있었다. 그는 다른 의원들이 피켓을 들고 김도읍 위원장에게 고함치며 항의할 때, 주변에 몰려든 기자와 보좌진 뒤로 몰래 이동하여 피켓을 버려두고 이상하리만치 침착하게 사태를 관망했다.

하긴, 누구보다 법조 엘리트의 길을 걸어온 그는 이원석 검찰

총장 인사청문회 준비 과정에서 자신과 비슷한 경력을 걷고 있
던 법조인들을 모조리 싸잡아 비난하고 비웃던 모순적 행동을
하지 않았던가.

이렇게 의원실별로 별의별 사례를 보고 듣고 직접 경험했지만,
필요 이상으로 반응했던 적은 없다. 의원님 맘에 들지 않으면,
혹은 내가 의원님을 받아들이기 쉽지 않다면 내가 나가면 될 일
이다. 별정직 공무원으로서의 지위를 이때 활용하면 되었다.

이유는 무척 간단했다. '너섬객잔'이라는 좁은 동네에서 진실
을 알리고 잘못된 점에 대해 지적하는 순간 '다른 의원실 재취
업'은 불가능하니까.

일반적인 사기업에 다니는 직장인 친구들도 강선우 후보자 사
태에 대해 물었을 때 크게 놀라지 않는 눈치였다. 모두가 그런 것
은 아니지만, 특이하고 특출난, 정상적이지 않은 상사를 모시면
으레 겪는 일이라서 깊게 생각하지 않았다는 내용이 주였다.

"남의 돈 받고 일하는데 쉬운 일이 어딨어?"

정치인이 두 얼굴을 갖고 있다는 걸 모르는 국민이 어디 있을
까? 그리고 지금 이 순간에도 어느 정당이건 의원님의 별난 성격

이나 행동을 억지로라도 받아들이는, 맞춰나가는 보좌진들이 있다. 그렇게 하지 않으면 살아남을 수 없기 때문이다.

‘여의도 옆 대나무숲’ 뿐만이 아니라 ‘블라인드’ 같은 익명 커뮤니티에 올라오는 상사에 대한 수많은 제보나 고발성 주장은 어쩌면 진실은 알 수 없지만 쉬이 흘려들을 수 없는 우리네 양심의 목소리 아닐까.

정치인이 두 얼굴을 갖고 있다는 걸 모르는 국민이 어디 있을까?

2. 사진 한 장의 정치학

"기사는 사라져도, 사진은 남는다."

여의도에서 배운 가장 잔인하면서도 정직한 진실이다.

국회 앞 계단에서, 혹은 지역구 현장 방문에서, 기자들은 일제히 카메라를 들이댄다. 국회의원이 어떤 표정을 짓는지, 어디에 서 있는지, 누가 옆에 있는지에 따라 그날의 정치가 요약된다. 말보다 사진은 빨리 퍼지고, 사진 한 장이 기사 열 줄보다 강할 때가 있다. 나는 여러 차례 그 차이를 실감했다.

이처럼 사진은 단순한 기록이 아니다. 정치 현장에선 곧 묵직한 메시지다. 특히 요즘처럼 SNS가 활발한 시대에서는 기자가 찍은 사진보다 보좌진이 각자의 휴대폰으로 찍은 사진이 받글(찌라시)의 형태로 더 빨리 퍼지기도 한다.

사진은 위치의 정치학이다. 누가 가운데에 서고, 주변부에 들러리 서는지에 따라 해석이 달라진다. 중앙에 서 있는 사람은 당연히 당시 정치 현안의 주인공이 되고, 옆에 서 있는 사람들은 들러리가 된다. 3선 이상 중진 국회의원들은 가운데 자리를 선호했고, 눈치 보는 초선, 재선 국회의원들이 주변부에 서곤 했다. 그런데 역설적이게도 때론 조연이 더 안전할 때가 있기 때문에 가운데 자리를 모두 선호하는 것은 아니다.

사진은 표정의 정치학이다. 같은 말이라도 웃으면서 나누면 '협치'가 되고 '화합'으로 해석한다. 굳은 표정이면 '정쟁'이자 '반대'를 뜻한다. 국회의 베테랑 사진기자들은 그 찰나의 순간을 절대 놓치지 않는다. 모처럼 여야가 협치를 논하던 시기, 긴장한 탓에 무표정으로 서 있던 모 국회의원은 다음 날 '냉담한 표정의 ㅇㅇㅇ의원' 이라고 기사 제목이 걸리는 바람에 지도부로부터 '표정 관리 좀 하라'는 핀잔을 들어야 했다.

사진은 배경의 정치학이다. 당 지도부가 앉는 회의장 뒤편엔 백드롭이라고 불리는 현수막이 있다. 이곳에는 당 지도부가 국민께 전하고자 하는 메시지가 함축된 형태로 전달되며, 그 문구나 이미지가 사진의 의미를 결정한다. '성장' 이라고 크게 써서 걸린 자리와 '규제 완화'가 걸린 자리는 전혀 다른 인상을 남긴다.

보좌진도 사진의 정치학의 주요 대상이다. 나를 주제로 한 장의 사진이 통신사 인터넷판에 실린 적이 있다. 국정감사장에서 의원 뒤에 자료를 들고 서 있는 내 모습이었다. 아무 말도 하지 않았는데, 기사 캡션에는 "보좌진이 긴급히 자료를 전달하며 긴박한 상황에 대처하고 있다"라고 쓰여 있었다. 사진이 이야기를 만들어낸 것이다.

옆자리 동료 보좌진이 피곤해서 눈을 감고 앉아 있던 날, 언론은 '보좌진의 심각한 표정'이라고 보도한 적도 있다. '심각한 표정으로 의원 발언을 듣고 있는 보좌관의 모습'이라고 해석됐다. 무심한 순간이 프레임이 된 것이다.

또한 준비 없는 순간은 없었다. 공식 일정이든 비공식 일정이든 정치인에게는 언제나 카메라가 향할 수 있다. 나는 기자들이 모일 때 즈음 의원에게 '사진이 찍힐 수 있으니 조심하라'고 조용히 속삭였다. 준비된 자연스러움이 필요했던 것이다.

정치 현장은 사진으로 기록된다. 말은 흩어지고, 기사도 잊히지만, 사진은 남아 역사가 된다. 그래서 나는 국회의원이 아니지만, 언제나 기회가 될 때마다 카메라 앞에서 스스로에게 물었다.

"지금 이 한 장이 나와 의원님의 전부가 되어도 괜찮은가?"

너섬객잔에서, 사진 한 장은 곧 정치다.

그리고 그 사진 속에 담기는 것은 결국 나와 정치인이 선택한 위치, 표정, 배경이었다.

사진 속에 담기는 것은 결국 나와 정치인이 선택한 위치, 표정, 배경이었다

3. '밭글'의 힘

'밭글'이란 속된 말로 '찌라시'라 불리며 정치, 경제, 연예계의 소문을 종합한 출처 불명의 가십성 정보다.

출처를 알 수 없기 때문에 무작정 신뢰할 수는 없지만 휘발성 강한 자극적인 정보를 불특정 다수에게 퍼뜨리며 출처를 숨길 수 있다는 성질 때문에 지금 이 순간도 퍼지고 있을 것이다.

입에 함부로 올리거나 전달할 수 없는 정치 현장의 긴밀한 이야기를 암암리에 전파하는 보좌진에게 '밭글'은 일종의 성경이자 정보를 나눌 정도로 상대방과 친하다는 친교의 상징이다. 만약 이곳 너섬객잔에서 '밭글'을 한 번도 받아본 적 없는 보좌진이라면 실제 보좌진이 아닐 가능성이 크다고 할 정도다.

이처럼 '밭글'은 아마 우리나라 찌라시 역사로부터 시작되었을 것이다. 과거에는 신뢰할 수 있는 사람끼리 구전으로 전하던 '밭글'은 현대사회 정보통신의 발달로 이제 날개를 달았다. 옛 속담처럼 '발 없는 말이 천리를 간다'는 세상이 된 것이다.

물론 정치나 금융, 연예계 종사자가 아니더라도 받글 작성과 전파는 가능하다. 여의도 부근에서 근무하지 않는 일개 개인도, 신원을 알 수 없는 불특정 다수에게 확인되지 않은 자극적인 메시지를 작성해서 순식간에 전파하는 것이 가능한 세상 아닌가.

그러나 내용의 정합성이나 개연성, 논리가 부족하다면 받글은 결코 대중에게 대대적으로 유통되지 않는다. 누군가 주요 SNS의 익명 단체대화방이나 영향력 있는 커뮤니티에 자극적인 제목을 달고 정치나 금융, 연예와 관련한 글을 나름 그럴듯한 느낌으로 작성한다고 해서 모든 사람들이 관심을 갖지는 않는다.

받글을 보는 '독자'도 정말 그럴 수도 있겠다는 착각을 하지 않는 이상, 자신 주변에 퍼뜨리지 않는다. 이렇듯 받글을 작성하는 것과 달리 영향력을 갖는 것은 또 다른 이야기인 것이다.

동시에 영향력 있는 '받글'은 누군가의 무분별한 배포 때문에, 혹은 운이 없다면 경찰로부터 최초 유포자로서 고발을 당하기도 한다. 실제로 필자의 경우에도 해프닝으로 끝났지만, 제21대 대통령 선거 직후 재빠르게 돌았던 민주당 유력인사의 신상과 관련한 추측성 '받글'을 주변에 공유하다가 고발당하여 경찰의 연락을 받아야 했다.

그렇다면 누가 영향력 있는 받글을 생산하고 유통할까? 국회로 한정한다면, 주로 보좌진이나 당직자, 기자일 것이다. 그들에게 받글은 단순한 소문이 아니라 '정치적 무기'다. 그리고 가십에 불과했던 받글이 보좌진과 당직자들의 무기로 뾰족하고 치명적이라면, 국회의원도 받글 생산과 유통에 개입한다. 그리고 받글은 국회의원의 입을 통해 공식적인 힘을 갖게 되고 언론의 팩트체크를 거치면서, 혹은 팩트체크를 위해 기사가 된다.

일례로 지난 5월 21일, 파면된 윤석열 전 대통령이 부정선거를 다룬 모 영화를 관람하러 간다는 받글이 아침에 돌았다. 그 받글에는 재판 일정 외에 첫 공개 행보였고 윤 전 대통령이 무대인사도 간단히 할 것 같다는 내용이 적혀 있었다.

당시 윤 전 대통령은 국민의힘을 탈당한 상태였지만, 그의 영화 관람은 다가오는 제21대 대통령 선거에 미묘한 영향을 줄 것이라는 의견이 팽배했다. 친분이 있는 민주당 보좌진들은 그 받글을 돌리며 윤석열 전 대통령의 이와 같은 행보에 대해 '이재명 후보의 선대본부장으로 역할을 잘 해준다'며 조롱했다. 받글은 곧 언론을 통하여 기사화되면서 팩트체크가 이루어졌고, 대통령 선거 운동 당시 유세 현장에서 만난 유권자들은 이 기사를 이야기하며 국민의힘을 지지하거나 비난했다.

이처럼 받글은 그냥 아무 때나 돌지 않는다. 특히 선거철, 정당의 치열한 권력투쟁이 이루어질 때 가장 막강한 영향력을 갖는다. 가까운 사례로 지난 8월 2일 더불어민주당 제2차 임시 전국당원대회(전당대회)를 들 수 있다.

이재명 전 당대표와 김민석 최고위원이 각각 대통령과 국무총리가 되어 발생한 공석으로 개최된 이 전당대회의 차기 당대표는 2026년 6월 제9회 전국동시지방선거를 지휘하며 임기는 그해 8월 17일까지다. 당시 당대표는 대의원 투표 15%, 권리당원 투표 55%, 일반 국민 여론조사 30%로 득표 비율을 정했으며, 최고위원은 권리당원 찬반투표로 뽑도록 방식을 정했다.

집권 여당이 된 민주당으로서는 이재명 정부의 초기 개혁 입법 과제를 든든하게 뒷받침하면서 내년에 치러질 지방선거 준비 체제를 제대로, 또 시급하게 준비할 수 있는 지도부 인선이 필요했다. 이에 친명 4선 국회의원이자 이재명 지도부 1기 수석 최고위원, 제21대 국회 법제사법위원회 위원장의 이력을 가진 정청래 후보가 강력한 후보군으로 주목을 받았다.

마찬가지로 친명 3선 국회의원이자 원내대표로 재임하며 윤석열 대통령 탄핵소추안의 국회 본회의 의결을 주도한 박찬대 후보 또한 원내 주요 국회의원 및 지방의원들의 대대적인 지지를 받고 있었다.

대세의 흐름이 어느 정도 정해진 상태였지만 결과는 누구도 장담할 수 없었다. 당내 강성당원들에게 인기가 높았던 정청래 후보는 여론조사에서 우위를 점했고, 박찬대 후보는 국회의원들의 지지를 바탕으로 반전을 노렸다.

두 후보의 공약도 큰 차이는 없었다. 다만 강선우 당시 여성가족부 장관 후보자에 대해 두 후보의 입장차이가 극명했다. 정 후보는 강선우 후보를 동지로서 지키겠다고 호소했지만, 박 후보는 자신의 SNS에 '동료 의원이자 내란의 밤 사선을 함께 넘었던 동지로서 아프지만 누군가는 말해야 하기에 나선다'며 강선우 후보의 자진 사퇴를 촉구하는 글을 올렸다.

이때, 강선우 후보의 자진 사퇴를 촉구하고 수습하는 과정에서 박찬대 후보에 관한 받글이 열심히 돌았다. 주로 이재명 정부에 부담을 주지 않도록 박찬대 후보가 역할을 잘 해낸 덕분에 강선우 후보가 자진 사퇴하게 되었다는 내용이었다. 더 나아가 '진짜 명심(이재명의 마음)'은 정청래 후보가 아니라 박찬대에 있다는 받글도 빠르게 돌았다. 전당대회를 앞둔 과정에 받글의 영향력을 과시하고자 했던 것이다.

물론 전당대회의 결과는 받글의 방향과 다르게 흘러갔지만, 이때 받글을 작성하며 박찬대 후보를 열심히 지지했던 보좌진이나 당직자들의 노고를 파악해 볼 수 있다.

지난 6월 제21대 대통령선거 당시 보수 진영에도 받글은 영향력을 과시했다. 국민의힘 김문수 후보와 개혁신당 이준석 후보 간 단일화를 예측한 받글로, 두 후보는 단일화를 위해 선거 바로 전날 오후 일정을 모두 비웠다는 내용이었다.

실제로 당시 선거를 며칠 앞두고 김문수 후보가 국회의원 회관 내 이준석 후보 의원실을 찾아갔었던 상태라 신빙성이 아예 없지는 않았다. 받글에 호응한 주요 언론도 단일화론에 가세하며 취재 경쟁에 달려들었다. 그러나 이준석 후보 측은 단일화에 줄곧 부정적인 입장이었고 결국 극적인 단일화는 이뤄지지 않았다.

이처럼 받글은 한편으로는 가십성으로 재미를, 한편으로는 사실 관계를 왜곡해 정치 현장 뿐 아니라 국민을 극도의 혼란에 빠뜨리기도 한다. 그러나 받글은 사라지지 않고 발전할 것이다. AI 기술 발전에 따라 더욱 대담하고 정교해질 받글이 한편으로는 두렵기도 하다. 다만 받글을 소비하는 방식은 바꿔볼 수 있지 않을까? 정치 혐오와 불신을 만드는 잘못된 '받글'의 힘에 끌려가지 않으려면 어떻게 해야 할까?

발 없는 말이 너섬객잔을 누빈다

4. 정기국회의 꽃, 국정감사

국회 보좌진에게 있어서 가장 중요한 업무를 꼽으라면 단연코 국정감사라고 할 수 있다. 그리고 국정감사는 매해 보통 10월에 개최하기 때문에 국회 보좌진들에게 가을이 없다는 웃픈 이야기가 있다.

국정감사를 이해하기 위해서는 국회의 회기에 대한 이해가 필요하다. 국회는 일정 기간을 정해서 열리고, 그 기간을 회기라고 한다. 국회가 열리면, 법안이나 예산, 결산, 청원 등을 심사한다. 또한 국회가 열려야 정부 국무위원을 부를 수 있고, 이때 국회의원들이 질의나 요청을 할 수 있다.

보다 자세히 나누면 국회는 임시회와 정기회로 나뉜다. 임시회는 필요에 따라 개최할 수 있지만 국회의원 총 인원의 1/4 이상 또는 대통령의 요구가 있어야 한다. 보통은 민주당과 국민의힘 등 교섭단체, 즉 양대 정당의 원내대표가 합의해서 개최한다.

반면 정기회는 매년 9월 1일부터 100일 이내 열리도록 법률에서 정하고 있다. 그리고 각 상임위원회에서 정기회 기간에 국정감사를 진행한다. 정기회가 중요한 이유는, 국정에 대한 교섭단체의 대표연설이나 대정부 질문이 실시되기 때문이다.

국정감사는 정기회의 꽃이다. 각 행정부를 대표하는 장관이 출석하는 자리이고, 우리나라를 대표하는 기업의 총수나 연예인들도 불려올 수도 있는 자리다. 소위 '한 건'을 해내고야 말겠다는 내로라하는 국회의원들 간의 경쟁이자 밤을 새운 보좌진들의 정책질의, 기자들의 단독기사 경연장이다. 국정감사의 결과물은 곧 부실한 제도를 질타하고 점검하여 문제를 개선하는 실마리가 된다.

나는 결국 국정감사장이, 계약직이라는 한계에 갇힌 국회의원 및 보좌직원들의 '효능감 증명의 장'이라고 생각한다. 성과를 내지 못한 국회의원과 보좌진은, 국민이라는 고용자를 만족시키지 못하면, 자의든 타의든 국회에서 쫓겨나기 때문이다.

국정감사 뿐이랴. 지역구 국회의원이라면 행사 많은 가을에 자신의 지역구 관리도 소홀히 할 수 없다. 국회의원은 지역구의 여러 중요한 행사에 참여하면서 틈틈이 자신이 속한 상임위원회의 주요 현안을 빠르게 파악하고, 보좌진들과 국정감사 아이템을 준비해서 제대로 소화해야 한다. 이는 곧 국회의원 공천과도 직결된다.

비례대표 의원의 경우에도 다음 선거에서는 보통 지역구 후보로 나서야 하기 때문에, 지역구 국회의원만큼 탁월한 성과를 내야 한다는 점은 다르지 않다. 다만 이들이 국정감사장에서 내놓은 성과에 대해 모든 국민이 만족하는가는 별개의 문제다. 국민의 기대는 높지만 이에 부응하기란 쉽지 않다.

국정감사는 좋은 정치인과 나쁜 정치인을 판별할 때 도움이 되기도 한다. 국민 입장에서 좋은 정치인이란 국정감사에서 정부를 상대로 미흡하거나 잘못된 점을 명확히 지적하고, 국민의 실생활에 도움이 되는 법안이나 정책, 예산을 적절한 타이밍에 주문하여 마련한다.

그런데 보좌직원 입장에서는 조금 다르다. 그들에게 좋은 정치인은 국정 운영에 대한 프로세스를 명확히 알고 있는 상태에서 국정감사 질의서를 함께 준비하고, 능력있는 부하직원을 좋은 자리에 추천해주는 모범적인 '직장의 상사'다. 그래서 국민에게 필요한 좋은 정치인이라고 해서 반드시 보좌직원에게도 좋은 정치인은 아닌 것이다.

국정감사 시기가 다가오면 유명 대기업의 대외협력 담당자들의 발걸음이 바빠진다. 이들은 자사 대표들의 국정감사 출석을 막기 위해서라면 보좌관이든 인턴이든 직급에 상관없이 겸손한 마음으로, 철저한 '을'의 자세로 국정감사를 준비하는 국회의원실을 드나든다. 이때에도 '뒷글'이 열심히 돈다. 보통 어느 의원실 어느 직원이 모 기업 대외협력 담당자들에게 감 내놔라 배 내놔라 식으로 갑질을 했다는 내용이다.

국정감사가 실시되면 늘 빠지지 않는 논란이 바로 국회의원의 고압적인 태도다. 증인이나 참고인으로 출석한 대기업 대표나 장관을 향해 꾸짖고, 고함치는 국회의원의 모습에 어떤 국민은 감동하고 어떤 국민은 질색한다. 증인의 답변이 합리적이고 충분히 그럴 수도 있겠다 싶은 내용일수록 더욱 분노하는 국회의원도 있다. 그래서 보통 국정감사를 준비하는 대외협력 담당자들은 대표를 상대로 모의 국정감사를 진행하며 보통은 아래 내용과 유사한 모범답변을 반복·학습시킨다.

'죄송합니다. 의원님이 말씀 주신 내용에 대해 깊이 공감하며, 내부적으로 면밀하게 검토해보고 개선방안을 마련해보겠습니다.'

국회의원의 호통이 무조건 잘못된 것은 아니라고 생각한다. 국회의원은 사적 개인이 아니라 자기 지역구를 대표하고, 한편으로는 전체 유권자를 대표하며 대리하는 공적인 자리다. 국정감사에 참여하는 장관이나 기업 총수 또한 이 사실을 인지하고 있기 때문에 온갖 수모를 당하더라도 존중하는 태도를 보이는 것이다.

또한 호통도 호통 나름이라고 여당이냐 야당이냐에 따라 미묘한 차이가 있다. 특히 상대가 국무위원이라면 극명하다. 당연하겠지만 정부의 입장을 잘 설명하라고 유도하는 느슨한 호통(?)은 주로 여당이 하고, 불만스럽게 조목조목 날카롭게 따지는 호통은 야당의 담당이다.

그러나 최근 국회의 국정감사를 보면, 국회의원들이 피감기관이나 증인, 참고인 등을 대상으로 묻지마 식으로 고래고래 고함치는 게 하나의 악습이 된 것 같다. 국회의원의 본업은 입법과 행정부 감시다. 강성당원의 맹목적인 지지와 유튜브 쇼츠 만들기 등 인기에 영합하기만 하는 특정 국회의원들의 행태를 봐야 하는 국민은 무슨 죄인가? 블체포특권을 비롯하여 한 번 당선만 되면 임기 동안에는 무소불위의 권력을 휘두르는 국회의원들을 감시하고 견제하기 위해 국민소환제를 도입하고, 특혜를 하나둘 없애야 한다는 주장이 나오는 데에는 그만한 이유가 있지 않을까?

보좌직원 입장에서 국정감사는 7분, 5분, 3분으로 구성된 찰

나의 시간 동안 번듯한 질의서를 선보이는 경연의 장이다. 질의서를 준비하기 위해 일반적으로 보좌진은 1) 상임위원회에서 논의되고 있거나 논의되었던 좋은 아이템을 발굴하고, 2) 정부 부처에 자료를 요구하여 그 의미를 분석한 다음, 3) 질의서를 작성하여 4) 언론과 함께 질의 내용을 기사화하여 국민께 알린다. 5) 추가적으로 질의서와 관련한 입법안과 예산안을 만들어 성과로 남긴다.

질의서는 보통 현황, 문제점, 질의요지 등으로 구성되어 있는데, 의원 스타일에 따라 서술 형식이 다르다. 7분, 5분, 3분에 딱 맞는 대본형 시나리오를 준비하는 의원실이 있고(보좌진이 준비한 질의요지를 토씨 하나 틀리지 않고 쭉 읽는 의원의 경우가 그렇다), 의원이 달변가라서 간략한 자료만 준비하는 의원실이 있다. 즉, 어떤 의원의 언변이 출중하다고 해서 반드시 그 의원의 국정감사 질의가 훌륭한 것은 아니다.

문제는 국무위원이 국회의원의 질의에 어떻게 대답할지 알 수 없다는 데 있다. 이를 고려하여 어떤 의원실은 각 부처 내 대외협력팀을 통해 의원님 또는 보좌관의 허락을 받고 준비한 질의서를 미리 공유하기도 한다. 물론 마지막까지 어떤 질의서를 준비했는지 일체 공유하지 않고 꽁꽁 숨겨야 하는 경우도 있다.

국회 보좌진들이 가을의 밤낮을 삭제하며 준비한 훌륭한 질의서는 국회의원의 질의를 통해 울긋불긋한 단풍잎으로 거듭나지만 국정감사가 끝나면 결국 파쇄되어 길 위의 거름이 된다. 덧없이 사라지는 것 같지만 국정감사의 고생이 다가올 봄의 새싹을 꽃피우는 영양가 가득한 거름이 되길 바라며, 국회 보좌진들은 지금 이 순간에도 다음 질의서를 다듬고 있을 것이다.

제21대 국회 운영위원회 국정감사 중

5. 내부자 번아웃

"회의는 끝났지만, 메신저는 밤새 울린다."

정당의 당직자에서 국회의 별정직 공무원, 보좌진으로 일하면서 가장 먼저 체감한 건 시간의 경계가 무너진 삶이었다.

국정감사 시즌이 되면 국회의 불은 꺼지지 않는다. 국회 의원회관 복도 끝 방에서 누군가의 타자 소리가 들리고, 창문 밖엔 호출을 받은 택시가 하나둘 들어선다. 국회에서 일하는 보좌진들의 일상은 언제나 과로와 긴장 사이에 놓인다. '국감·예산·선거'라는 세 개의 파도가 몰아치면, 개인 삶은 뒤로 밀려난다.

나는 이곳에서 여러 차례 번아웃을 겪었고, 주변 동료들이 무너지는 장면도 보았다. 그 경험은 나에게 조직문화와 멘탈 관리에 대한 뼈아픈 교훈을 남겼다.

1. 회의실에서 눈을 감은 동료

국정감사를 앞둔 주말 새벽의 의원회관, 옆자리 동료가 노트북 앞에서 눈을 감았다. 다들 알았다. 그가 잠든 게 아니라, 지쳐 쓰러진 것이란 걸.

2. 휴가가 휴식이 되지 못할 때

결산을 앞두고 꿀 같은 휴가를 받아 여행을 하는 도중 전화가 끊이지 않았다. "의원님이 찾으신다", "저번에 나간 단독 기사 때문에 기자가 연락왔다." 결국 휴가 중에도 질의서와 보도자료를 작성했다. 휴가에서 돌아온 뒤 동료가 농담처럼 말했다. "그건 휴가가 아니라, 장소가 바뀐 근무야."

3. 조직 내 침묵

번아웃의 가장 큰 징후는 말이 줄어드는 것이었다. 처음엔 열정적으로 아이디어를 내던 저연차, 인턴 비서관과 입법보조원은 어느 순간 입을 다물고, '알겠습니다'만 반복한다. 그 침묵이 오래가면 결국은 퇴사로 이어졌다.

왜 국회에서 번아웃이 발생할까? 일반적인 직장이랑 뭐가 다른 걸까?

먼저 국회는 시간의 경계가 없었다. 국회의 회기나 의원의 일정, 언론 보도에 따라 근무시간이 유동적으로 변했다. 퇴근은 어디까지나 '상황 종료'일 뿐이다.

또한 국회는 권력의 밀착성이 강했다. 사장님인 국회의원의 의사와 감정이 조직 전체의 분위기를 좌우했다. 감정노동도 곧 직무가 되는 것이다.

성과가 불투명하다는 것도 문제였다. 열심히 밤을 새우고 어렵게 다른 의원실 도장을 모아 법안을 발의하더라도 기사가 나가지 않으면 무능한 사람이 되었다.

회전문 구조도 한몫했다. 선거나 개각, 정권의 교체에 따라 의원실 전체가 해체되기도 한다. 별정직 공무원의 가장 큰 단점인, "내일 의원실에서 내쫓길 수 있다"는 고용 불안이 따라붙는다.

그동안의 짧다면 짧은 국회 보좌진 세월 동안 나는 번아웃을 피하기 위한 여러 실험(?)을 거쳤다.

나는 먼저 '체력'을 만들었다. 국정감사 시즌에는 아무리 힘들어도 거의 매일 국회 의원회관 1층에 있는 체력단련장을 찾아 10분이라도 근력 운동을 했고, 주말이면 집 근처든 어디든 3km 이상 달리기를 했다.

퇴근 후 보고 시간도 자체적으로 설정했다. 아무리 급한 자료라도, 단독기사로 삼을 수 있는 아이템이나 자료를 만들었더라도 최소 밤 12시 이후에는 보고하지 않았다. 대신 다음날 오전 8시에 상사가 빠르게 인지할 수 있도록 아이템 요약본을 미리 만들었다.

국정감사 한 달 전에 기관별로 무엇을 주제로 삼아 기사화하고 질의서화 할지 파악하기 위해 진행판을 미리 만들어두었다. 불필요한 아이템 찾기나 불안을 줄이기 위해서였다.

기사가 나간 날에는 내게 작은 선물을 해줬다. 의원이나 보좌관이 칭찬하지 않더라도 내가 성과를 인정해줬다. 이 작은 선물이 다음날 일할 동기를 만들었다.

무엇보다도 국회에서 번아웃을 줄이려면 개인의 노력만으로는 부족할 것이다.

의원의 인식 변화가 제일 필요하다. '사람보다 일이 먼저'라는 태도가 바뀌지 않으면 구조적 한계는 계속될 것이다. 휴식의 제도화도 필요하다. 강제로라도 회의 없는 날을 정해야 보좌진은 쉴 수 있다. 멘탈 관리의 일상화도 빼놓을 수 없다. 번아웃은 개인의 약함이 아니라, 직무의 특수성에서 비롯될 수 있다는 인식이 필요하다.

나는 여러 차례 직·간접적으로 번아웃을 겪었지만, 동시에 그 과정을 통해 배웠다. 번아웃은 실패가 아니라 경고 신호다. 신호를 무시하면 무너지고, 신호를 읽으면 바꿀 수 있다.

여의도의 밤은 여전히 길다. 그러나 그 속에서도 작은 리듬과 투명한 대화, 그리고 '사람이 더 중요하다'는 믿음이 있다면, 번아웃은 피할 수 있다. 국회라는 너섬의 객잔에서, 우리는 서로를 지키며 버티는 법을 배워야 한다.

그것이 결국 대한민국 정치의 품격을 지키는 시작이기도 하다.

'사람이 더 중요하다'는 믿음이 있다면, 번아웃은 피할 수 있지 않을까

6. 국회, 로비스트 없는 로비의 현장

열린민주당을 떠나 국내 OTT 스타트업, 왓챠의 대외협력팀
매니저로 이직했을 때, 나는 우리나라에도 합법적인 형태의 로
비스트 활동이 제한적으로나마 가능하다는 것을 처음 알 수 있
었다.

일반적으로 한 기업의 대외협력, 대관(對官) 업무는 보통 대
외협력팀, PA(Public Affairs)팀, PR(Public Relation)팀,
CR(Coporate Relation)팀 등의 부서에서 수행하고 있다.

해당 부서에서 일하고 있는 인력이 대외협력의 업무를 수행하
기 위해 공공의 관계자들과 만난다는 것은 끈, 즉 네트워킹이 있
다는 뜻이다. 혹자는 가장 기초적인 끈을 학벌로 보고, 가장 핵
심적인 끈은 어느 정부 또는 국회 출신인지, 그곳에서 무슨 업무
로 일했는지를 보고, 특히 정치권이면 어느 정당과 친분이 깊은
지도 따져 본다.

삼성그룹처럼 외부 출신이 아니라 신입사원을 공개채용 형태로 뽑아서 대외협력 인재로 성장시키는 사례를 제외하고는, 다른 사기업은 거의 경력직을 채용하여 대외협력 업무를 수행한다. 물론 삼성도 이사, 고문, 부사장 등 임원급의 경우라면 경력직으로 채용하여 대외협력 업무를 맡기는 경우도 종종 있다.

변호사나 행정사 출신, 주요 언론사 기자도 대외협력 업무의 훌륭한 인재다. 그러나 기업 입장에서는 역시 기업의 핵심 사업과 관련이 깊은 정부부처 공무원이나 관련 국회 상임위원회 출신을 가장 선호한다.

또한 당연(?)하게도 모든 고위공직자나 국회 출신이 대외협력 업무를 수행할 수 있는 것은 아니다. 그동안 갑의 위치에서 사기업 위에 군림했는데, 을의 위치로 내려가서 국회 구내식당에서 같이 밥을 먹던 동료나 후배들을 상대로 잘 봐달라는 부탁을 하는 것이 쉽지는 않기 때문이다. 그래서 일반적으로 사기업들은 대외협력 담당자를 채용할 때, 능력 있는 정부 공무원이나 국회 보좌진에게 현재 연봉의 배를 제시하며 권유한다.

대외협력 담당자를 채용할 때 당시 정치 지형도 꽤 중요한 변수로 작용한다. 2025년 하반기 기준으로 정치 지형을 보면 여당, 더불어민주당이 국회의 다수 의석을 차지하고 있고, 국민의

힘 등 야당은 비상계엄 이후 정부 여당의 부동산 대책을 고리로
떨어진 지지율을 회복하고 있는 상황이다.

특히 특정 정당이 국회의 다수 의석을 차지하고 있다는 것은
각 상임위원회에서 입법이나 예산 등 정책에 있어서 그 정당의
입김이 막강하기 때문에, 어떤 기업이 각각의 정당에 힘을 나눠
서 관리하며 균형을 맞추기 어렵다는 것을 뜻한다. 이렇게 되면
채용시장 역시 영향을 받는다. 기업 입장에서는 막강한 여당, 민
주당 출신을 더 선호하고 국민의힘 인력에 대한 수요가 줄어들어
국민의힘 보좌진들의 이직이 어려워진다. 최근에는 비상계엄의
영향으로 대부분의 기업은 국민의힘 보좌진들의 채용을 꺼린다.

이들 대외협력 업무 수행자들은 주로 어떤 일을 할까? 대기업
의 경우, 그룹 오너를 사법리스크 등 크고 작은 경영상 문제들과
관련하여 국정감사 증인으로 신청할 경우, 이들을 신청 명단에
서 제외시키는 업무를 한다. 각종 인허가, 규제, 과세 문제를 풀
어내는 것도 대외협력 업무 수행자들의 몫이다.

기업을 가로막고 있는 여러 문제에 대해 빠르게 대처하기 위
해 대외협력 수행자는 수시로 국회나 정부기관 근처로 출근해야
한다. 이를 통해 자신과 친분이 깊은 인맥을 관리하고(보통 술을
곁들인 식사가 가장 효과적이다), 또한 이를 이용해 빠르게 돌아

가는 정치권의 동향을 파악해야 한다. 자신이 속한 기업에 유리한 방향으로 정치권의 각종 정책이 만들어지고 바뀔 수 있도록 계속해서 귀를 기울이고 때로는 무식할 정도로 수고를 들이며 발품을 팔아야 한다.

당연한 이야기지만 우리나라에 사업장을 둔 해외기업도 정부 부처나 국회를 상대로 대외협력 업무를 수행한다. 해외기업도 국내기업과 마찬가지로 국내 정치권에 네트워킹을 갖고 있는 경력직들을 채용하지만, 최근에는 국회 출신들이 하나둘 창업한 컨설팅 회사에 대외협력 업무를 위탁하기도 한다.

보통 사기업의 대외협력 담당자들은 회사로부터 부여받은 법인카드로 친분이 있는 정부 또는 국회 보좌진들에게 밥이나 술을 사준다. 얻어먹는 쪽에서도 좋은 사기업의 대외협력 담당자로 이직한 동료나 선·후배가 밥 한 끼 사준다는데 마다할 이유가 없다.

몇 년 전, 국내에서 선풍적인 인기를 끌었던 드라마, '비밀의 숲'의 대사처럼, '모든 것의 시작은 밥 한 끼'다.

"그저 늘 있는, 아무 것도 아닌 한 번의 식사 자리. 접대가 아닌 선의의 대접. 돌아가면 내가 낼 수도 있는, 다만 그 날 따라 내가 안 낸 것."

이렇게 보면 조금 과장해서 '밥 한 끼'는 모든 부패의 시작점이라
고도 할 수 있다. 평범하다고 생각한 이 단 한 번의 식사 자리에서
태어난 작은 호의가, 누군가의 사회적 지위나 기업의 이해관계 등,
어떤 이유로 변질된다면 거대한 권력형 비리로 이어질 수도 있기
때문이다.

아무렇지 않게 주고받은 술 한잔이 탄탄한 인맥을 만들고, 누군
가에게는 큰 힘이 되지만, 직접적으로 돈이나 이권, 특혜가 오고 간
다면 약점이 되고 치부가 된다. 대외협력 담당자들이, 혹은 대외협
력으로 일해보고 싶은 누군가가 명심하고 또 명심해야 하는 이야
기라고 생각한다.

국정감사 시즌이 되면 피감기관 뿐 아니라
민간기업의 대외협력 담당자들도 국회로 몰려든다

7. OTT 자율등급제 도입 막전막후

왓챠의 대외협력팀으로 근무할 당시, 나는 사업과 관련이 깊은 국회 상임위원회인 과학기술정보방송통신위원회, 문화체육관광위원회를 비롯해서 문화체육관광부, 과학기술정보통신부 등의 정부부처 대응을 맡아야 했다.

특히 국내 OTT 플랫폼의 활성화와 경쟁력 제고 관련 정책 제안을 위해 이 분야에 관심이 깊은 국회의원실을 찾아야 했고, 이들 의원실과 토론회나 정책간담회를 진행하기 위해 고군분투했다.

당시 '왓챠'라는 스타트업에 대해 잘 모르는 의원실의 경우, 코로나19 펜데믹 시기 급성장하는 해외 유명기업으로 착각하며 고압적인 자세로 나오기도 했다. 반면에 업계 사정에 밝은 의원실 보좌진들은 국내 스타트업이 어려운 시기에 고생이 많다며 무엇이든 도울 방법이 없는지 물으며 머리를 맞댔다.

대통령 선거를 치를 때에도 왓챠 차원에서의 대외협력 업무가 필요했다. 지난 제20대 대통령 선거에서 왓챠 대외협력팀은 민주당, 국민의힘, 국민의당, 정의당 등 각 선거 캠프에 당시 정부 부처별로 나눠져 있었던 ICT, 콘텐츠 권한을 일원화하는 '거버넌스 개편안' 및 'ICT 플랫폼-콘텐츠 상생 기금 신설' 등의 공약을 마련, 간담회를 통해 공식적으로 제안할 수 있었다.

이를 위해 모든 인맥을 총동원하여 각 정당의 대통령 후보 캠프 정책통 네트워킹을 뚫었다. 또한 왓챠는 국내 OTT 플랫폼의 협의체인 한국OTT협의회의 정책간담회를 주도적으로 개최하면서 업계를 하드캐리했고, OTT 업계의 현안과 의견을 타사보다 명확하게 전달할 수 있었다.

이렇듯 나를 비롯한 왓챠의 대외협력팀은 웨이브나 티빙 등 대기업이 모기업으로 있는 곳의 대외협력팀보다 국내 OTT 지원 방안을 적극적으로 모색해야만 했다. 이들 기업 대외협력 담당자들의 경우 정책을 고민하고 설계하는 업무에 보다 치중했으며, 정부나 국회 차원의 규제 업무를 풀기 위해서는 모기업의 대외협력팀에게 많이 기대는 편이었기 때문이다.

토론회나 간담회 개최와 맞물려 나는 각종 상임위원회에 발의된 OTT에 영향을 줄 수 있는 법안들도 다수 모니터링하며 정부 부처에서 해당 법안들에 대해 왓챠 등 OTT가 어떻게 생각하는

지 의견서를 작성했다. 특히 당시 OTT 업계의 숙원 사업 중 하나인 자율등급제 도입을 위해 개정안을 마련해보기로 했다.

OTT 자율등급제는 2023년부터 시행된 제도로, 국내 OTT 사업자들이 제한관람가를 제외한 모든 영상물 콘텐츠에 대해 영상물등급위원회의 사전 심의를 거치지 않고 직접 시청등급을 분류할 수 있도록 하는 제도다.

코로나19 펜데믹 당시 OTT 업계는 폭발적으로 콘텐츠를 제작하거나 수급하여 공급했는데, 과거에는 방송사를 제외한 OTT 등 부가통신사업자의 모든 영상물 콘텐츠가 영상물등급위원회의 사전 심의를 받아야 했다. 결과적으로 영상물등급위원회의 등급분류 업무가 과중하여 OTT 사업자 입장에서는 여름에 공개해야 하는 공포물 콘텐츠가 겨울에 공개되는 사례가 발생한 것이다.

초기에는 아직 시장에 제대로 자리 잡지 않은 OTT 사업자가 시청자 범위를 무분별하게 넓히기 위해 영상물 등급을 과도하게 낮게 분류할 수 있다는 우려가 있었다. 또한 영상물등급위원회뿐 아니라 해당 사업자의 등급 분류 담당자가 실수하거나 업무 과중으로 등급 분류에 오류가 발생할 수도 있다는 걱정이 컸다.

자율등급제를 위해서는 '영화 및 비디오물 진흥에 관한 법률', 줄여서 영비법을 개정해야만 했다. 나는 그동안 대외협력팀으로 근무하며 친분을 쌓은 국회 문화체육관광위원회 소속 의원실 보좌진들을 하나하나 떠올리며 어느 의원실과 함께 해야 하는지 분류해봤다.

곧 두세 개 의원실이 추려졌고, 왓챠 내 다양한 사업부서와 콘텐츠 업계 전문가들로부터 개정안이 어떻게 마련되어야 대내외적으로 문제가 없을지 의견을 모았다. 당연히 어느 한 사업자만의 특혜만을 위해 법안을 개정할 수는 없는 노릇이었기 때문이다.

어렵게 개정안을 마련했지만 법안을 발의한 후가 걱정이었다. 상임위원회 차원에서 논의되지 않을 수도 있고 시간을 질질 끌다가 의원들의 임기 만료로 폐기될 수도 있기 때문이다. 나는 걱정을 잠시 미뤄두고, 우선 OTT 사업을 진흥시키는 데 의지를 보였던 국회 문화체육관광위원회 의원실을 돌며 민간 차원 뿐만 아니라 공공의 시각에서도 문제가 없을지 물었다.

당연하게도 문화체육관광부나 영상물등급위원회 측에서는 자율등급제에 대해 부정적이었다. 앞서 언급한 대로 아직 국내에서 자리잡지 못한 OTT 사업자에 대한 신뢰가 없었고, 영상물 등급의 분류라는 권한을 민간으로 분산하는 데 난색을 표했기 때문이다.

“어떻게 하면 좋을까?”

국회 의원회관을 배회하며 방안을 고민하던 그때, 해외 유명 OTT의 대외협력팀 팀장으로 근무하던 보좌관 선배와 우연히 마주쳤다. 사정을 알게 된 선배는 내게 이렇게 제안했다.

“힘을 합쳐보는 건 어때?”

선배의 의견은 간단명료했다. 우리가 각자 여당과 야당 의원실을 통해 자체 마련한 개정안을 제안해보고, 그 의원실들이 각자 업계의 의견이 포함된 개정안을 발의하도록 지원한다면(어디까지나 지원이다), 해당 상임위원회 차원에서 의원들끼리 개정안을 논의할 때 큰 이견 없이 심사될 것이라는 것이었다.

국내외 OTT의 연합이라니. 동일 또는 유사 업계의 대외협력 담당자들끼리 사업을 가로막는 규제를 느슨하게 하기 위해 힘을 합치는 경우가 종종 있지만, 나는 실제로 이런 종류의 업무를 해내본 적이 없었기 때문에 걱정이 앞섰다.

“선배는 팀장이지만 저는 일개 매니저라…. 내부에 보고해 보고 다시 말씀드릴게요.”

“나도 팀장이지만 허락은 받아야 한다.”

멋쩍게 돌아선 내게 선배는 씩 웃으며 보고 후 회신을 부탁했다.

사무실로 복귀한 후 나는 그간의 사정과 방안에 대해 보고했다. 나쁘지 않은 아이디어라는 평가가 주를 이뤘다. 나는 내부 검토를 마친 제안서와 개정안 초안을 들고 선배와 국회 의원회관에서 다시 접선했다.

국내외 OTT 연합이 성립되고 우리는 각자 여당과 야당 의원실을 돌며 영비법 개정안 초안을 제안했다. 곧 여러 의원실을 통해 수정을 거친 영비법 개정안은 소관 상임위원회에 상정되었다. 이후 여야 합의를 거친 OTT 자율등급제 법안은 마지막 관문인 국회 본회의를 문제없이 통과하게 되었고 OTT 업계의 숙원 사업 중 하나가 해결됐다.

우리는 그렇게 OTT 영상물 자율등급제를 통과시켰다.

왓챠 근무 시절 추진한 더불어민주당–국민의힘 정책간담회

'OTT 자율등급제' 통과를 위해 국내외 OTT가 '일시적으로' 손을 잡았다

8. 스마트하지 않은 국가시범도시 스마트시티

국회 법제사법위원회를 떠나 이직한 BS그룹에서 내가 맡았던 업무는 국가시범도시 스마트시티, 그중 세종 스마트시티 관련 이런저런 문제를 해결하는 일이었다.

당시 국토교통부 스마트시티 프로젝트는 4차 산업혁명 관련 기술을 개발계획이 없는 부지에 자유롭게 실증 및 접목하면서 조성하기 위해 실행됐다. 또한 창의적인 비즈니스 모델을 구현할 수 있는 혁신산업 생태계를 조성하여 미래 스마트시티 선도 모델을 제시하는 것을 목표로 추진했으며, 현재 세종과 부산 스마트시티가 그 대표적인 모델이다.

국가시범도시 사업은 지난 문재인 정부가 야심차게 추진했다. 당시 정부는 세계 스마트시티 시장 규모를 2025년 8천 200억 달러로, 연평균 14% 이상 성장할 것이라고 전망했으며 대한민국의 새로운 경제성장 동력으로 삼으려고 했다. 이에 따라 당시 정부는 2025년까지 스마트시티 사업에 10조원을 투자하고, 15

만개 이상의 일자리를 만들겠다고 공언했다.

이중 세종 스마트시티의 총괄 책임자(마스터 플래너) 역할을 맡은 것은 카이스트의 뇌공학 전문가 정재승 교수였다. 정 교수는 뇌과학 연구와 빅데이터 분석을 기반으로 2018년 4월부터 세종 스마트시티의 기본 구상을 담당했다. 뇌과학과 스마트시티라니? 비전문가인 내가 봐도 언뜻 보면 이해할 수 없는 인사였다.

세종 스마트시티가 엇나가기 시작한 것은 이때부터였을까? 도시 개발과 무관한 인사를 뽑았다는 지적에 당시 문재인 정부는 정 교수가 중국 스마트시티 개발에 참여한 적 있다고 소개했다. 그러나 한 언론에서 정 교수의 옛 동료 교수가 '정부 발표는 거짓이며, 중국 사업도 원래 자신의 것'이었다고 폭로하며 논란이 커졌다. 자유한국당 세종시당(현 국민의힘 세종시당)도 정재승 카이스트 교수에 대한 사법 당국의 조사와 처벌을 요구했다.

정치적 논란을 뒤로 하고, 국가시범도시 세종 스마트시티는 참 어려운 사업이었다. 정식 사업 명칭, 세종 5-1생활권(세종시 합강리 일원) 국가시범도시 사업은 본래 2017년 7월부터 2021년 12월까지를 사업 기간으로 두었고, 총 사업비 약 1조 4,876억원이 들어가는 대규모 사업이었다. 2025년 9월을 기준으로, 사업 기간은 2028년까지로 늘어났고, 사업비는 3조 원을 훌쩍 넘는다.

세종 스마트시티는 3대 가치로 탈물질주의와 탈중앙화, 스마트 테크놀로지를 들었고, 1)모빌리티, 2)헬스케어, 3)교육과 일자리, 4)에너지와 환경, 5)거버넌스, 6)문화와 쇼핑, 7)생활과 안전이라는 7대 혁신 요소를 두었다,

무엇보다 세종 스마트시티가 특이한 점은, 개인 차 진입 제한 구역이라는 점이었다. 차량 위주의 도시 구조를 지양하고, 보행 중심의 도시 가치를 복원하기 위해 '공유차 기반 도시'를 지향했기 때문이다. 즉 약 16만 평 이상의 드넓은 부지에서 개인 차량 이용은 제한되고, 대신 공유차 기반 구역을 도입해 전기를 동력으로 하는 1인용 이동 수단, 개인형 이동장치(PM)와 자율 주행 셔틀을 운행하는 것으로 계획을 짜놨던 것이다.

또한 '선도지구'라는 곳을 상업이나 오피스 등 기능 중심의 '혁신벤처스타트업존'과 주거 중심 '스마트리빙존'으로 나누고, 21개 스마트 혁신서비스가 구축될 예정이며, 2028년 보행 중심 도시, 직주근접 도시로 재탄생시킬 계획이라고 한다.

이상은 그럴 듯 하지만 현실은 냉혹했다. LG그룹을 비롯한 대기업들과 컨소시엄을 맺고 사업에 뛰어든 BS그룹에서 바라본 세종 스마트시티는 복마전이었다. 무엇보다도 세종 스마트시티 내 선도 지구 중 '혁신벤처스타트업존'의 경우 유수의 기업이나 스

타트업이 세종으로 이주를 결심할 만큼 명확한 인센티브가 보이지 않았다.

특히 이곳 '혁신벤처스타트업존'에 대한 설명을 하면서 스타트업, 관련 협·단체나 기업들을 만나면 '개인 차량 이용이 제한되는 곳에 우리가 뭣하러 들어가야 하냐'는 푸념이 이어졌다.

이곳 선도 지구의 토지공급 가격을 두고도 컨소시엄 대표사 A사와 한국토지주택공사(LH) 간 갈등의 골이 깊었다. A사는 LH와 민관 합동 사업 법인 간 토지매매계약 체결을 앞두고 주거 부분 토지공급 가격을 낙찰 가격이 아닌 감정 가격으로 공급해달라고 요청했다. 2022년 6월 토지공급 지침이 개정되면서 주거, 상업, 산업 용도가 혼재된 용도혼합 용지의 주거 부분은 감정 가격으로 공급하도록 관련 기준이 정비됐다는 이유였다.

그러나 LH의 입장은 완고했다. 당초 해당 토지를 낙찰 가격으로 공급하는 것으로 지난 2020년 4월 토지공급 승인을 받았으니, 낙찰 가격으로 토지를 공급해야 한다는 입장이었다. 정치권의 힘이 일부 필요한 이유였다.

컨소시엄 중 하나에 불과한 BS그룹에서 선임 매니저였던 내 운신의 폭은 그리 크지 않았다. 그런데 우습게도 당시 세종시 지역구 국회의원이었던 민주당 G 의원실과, 세종시장을 배출한 국민의힘 세종시당 간 가교 역할을 할 수 있던 것은 나뿐이었다.

그런 상황에도 컨소시엄 주관사가 아닌 BS그룹 입장에서는 큰 기대를 하지 않았다. 담당 임원과 상사는 내게 무리하지 말라고 했다. 이득보다는 실이 더 많을 거라고 판단했기 때문이다. 마침 내게 실권도 거의 없었다.

그렇지만 왓챠 때 선명한 기억 때문일까. 나는 문제가 되지 않는 선에서 선도 지구의 혁신벤처 스타트업존 활성화 계획을 만들었고, 토지공급 가격 등 문제해결 방안을 자문하기 위해 민주당과 국민의힘의 문을 두드렸다.

거듭된 방문에 고심에 찬 솔루션을 제공한 것은 민주당 G의원실 보좌관이었다. 그는 나를 비롯한 컨소시엄 관계사에 국민권익위원회를 통해 문제를 해결해 볼 것을 제안했다. 덕분에 2023년 8월, A사의 고충 민원을 접수한 권익위가 당사자들에게 조정안을 내놓았고 사업 추진은 탄력을 받게 된 것이다.

그러나 여전히 혁신벤처 스타트업존의 활성화 방안은 보이지 않는다. 당시 세종시 운영의 실권을 가진 세종시청과 국민의힘 세종시당을 비롯해서 민주당 G 의원실을 주기적으로 방문하며 나름의 혁신벤처 스타트업존 활성화 방안을 제시했지만, 구체적으로 반영된 것은 없었다.

당시 나는 중소벤처기업부 산하 창업진흥원의 TIPS 사업과 혁신벤처 스타트업존을 연계해보자는 방안을 제시한 바 있다. TIPS란, Tech Incubator Program for Startup의 약자를 딴 것으로, 민간 투자사를 통해 우수한 창업 기업을 선별하고 민간 투자와 정부 자금을 매칭 지원하여 고급 기술 인력의 창업 활성화를 도모하는 것이 목적이다.

마침 지난 윤석열 정부도 1)시스템반도체, 2)바이오헬스, 3)미래모빌리티, 4)친환경 에너지, 5)로봇, 6)빅데이터, 7)사이버보안 및 네트워크, 8)우주항공 및 해양, 9)차세대원전, 10)양자기술 등 10대 초격차 분야를 육성하는 딥테크 팁스 사업을 중점적으로 추진하고 있었다.

이를 위해서는 앵커 시설의 조성이 필수적이라고 보았다. 스타트업은 단순히 창업 자체를 지원하는 데에서 더 나아가, 1)고용 창출과 부가가치 창출 효과가 큰 기술기반 신성장 산업을 지원해야 하고, 2)지역의 특성을 고려한 특화 산업 기반 스타트업을 육성하면서 해외 수출까지 통합 지원해야 하며, 3)앵커시설과 맞물려 스타트업을 지원하는 산학연 및 금융 클러스터가 연쇄적으로 조성될 수 있다고 보았기 때문이다. 이를 위해 나는 제안서를 작성하며 가칭 세종 팁스 타운을 조성해야 한다고 강조했다.

이처럼 가칭 세종 팁스 타운은 세종 스마트시티 내 혁신벤처 스타트업존에 세종시가 강점을 보일 것으로 예상되는 1)미래 모빌리티, 2)바이오헬스, 3)사이버 보안 관련한 전초기지이자 혁신벤처의 입주와 육성, 펀드, 해외 수출 등을 통합 지원하는 플랫폼이었다.

팁스 타운은 사실 새로운 개념은 아니었다. 서울 강남구 일대에는 이미 스타트업과 투자사, 지원 기관들이 밀집된 창업가 거리, 팁스타운이 자리잡고 있다. 나는 세종에도 이런 팁스 타운을 조성해야만 혁신벤처 스타트업존의 활성화가 이루어질 것이라고 판단한 것이다.

냉정하게 생각해보면 누구나 그렇게 판단할 것이다. 서울이 아닌 그 어딘가라도 창업을 위한 인프라만큼은 잘 갖추어졌다고 말할 수는 있다. 그러나 수도권 아닌 어느 지역에서 스타트업 클러스터가 제대로 작동하고 있는가 묻는다면 쉽게 답할 수 없을 것이다.

정치권은 토지공급가격, 쉽게 말해 땅값 문제부터 해결한 다음 혁신벤처 스타트업존 활성화 방안에 대해 논의하자고 했을 뿐, 가칭 세종 팁스 타운 조성에 대한 전향적인 자세는 보이지 않았다.

현재 세종 스마트시티가 조성되고 있는 지역구는 무소속 H의원이 담당하고 있다. 내년에 치러질 지방선거 이후 세종시의 리더십도 어떻게 변화할지 알 수 없다. 그러나 무엇보다 정치권이 앞으로 세종 스마트시티 혁신벤처 스타트업존 조성과 활성화 이슈에 대해 어떻게 풀어나갈지 알 수 없다.

토지공급 가격 문제가 해결될 즈음, 나는 국민의힘 의원실로 이직하게 되었고 컨소시엄 회원사 직원 중 누군가는 관심받진 못하지만 무엇보다 중요한 이 문제를 해결하기 위해 지금도 고군분투하고 있을 것이다. 스마트하지 않은 국가시범도시, 세종 스마트시티 사업은 앞으로 어떻게 전개될까? 지역 정치권은 어떤 대답을 내놓을까?

스마트하지 않은 국가시범도시, 세종 스마트시티 사업은 앞으로 어떻게 전개될까?

9. 여당 ↔ 야당 보좌진 이동 생존기

“사람이 바뀐거냐, 역할이 바뀐거냐.”

국회, 즉 너섬객잔에서 정당을 바꿨을 때, 가장 먼저 받은 질문이었다.

정당 간 이동은 과거 국회에서 낯선 일이 아니었다고 한다. 그러나 ‘왜’와 ‘어떻게’를 제대로 설명하지 못하면, 이동은 곧바로 ‘정체성 의심’으로 번역되고 ‘변절자’로 손가락질 받았다.

정당을 옮긴다는 건 단순히 명패를 바꾸는 일이 아니다.

국회에서 만든 관계망을 다시 짜고, 과거의 언어를 새 언어로 번역하며, 새로운 공간에서 나의 능력을 다시 입증해야 하는 무거운 과제다. 민주당에서 국민의힘이라는, 정당 간 이동을 결심했을 때 가장 크게 다가온 건 당연히(?) 두려움이었다.

국민의힘에서 일을 하게 되더라도, 그동안 몸담았던 민주당을 미워하거나 혐오하는 것이 아니다. 그렇다면 나의 가치가 바뀐 것이 아니라, 역할의 전환임을 어떻게 보여 줄 수 있을까. 그 답은 그럴듯한 설명이 아니라 내가 그동안 증명해 온 현장 경험의 축적에 있었다.

나는 2023년 8월, 그해 국회 보건복지위원회 국정감사를 앞두고 국민의힘으로 당적을 옮겼다. 합류하자마자 보좌관으로부터 들은 말은,

"자기 자신을 부정할 준비가 됐냐?"였다.

국민의힘으로 이전하기 전의 나는 민주당의 시각으로 각종 법안을 독해하고 정부의 정책과 예산, 공약을 분석했다. 그리고 국민의힘의 시각에 대해서는 보수적이고, 친대기업 성향이라고 비난하며, 거칠게 표현하면 우리 사회의 각종 자원을 더 많은 사람에게, 균등하게 나눠야 한다고 설파해왔다.

국민의힘에서 처음 맞게 된 국정감사에서 그간의 축적된 현장 경험으로 나만의 결과물을 내놓는 것만이 답이었다. 나는 그간 사용했던 민주당의 시각을 모두 없던 것으로 하고(최대한 잊어버리고), 국민의힘의 시각으로 당시 윤석열 정부의 자료를 머릿

속에 입력하면서, 그간 보건복지위원회에서 논의된 윤석열 정부의 보건복지 정책과 사업, 공약을 질의서에 담았다. 각종 언론을 통해 내가 준비한 질의서 내용이 보도되었고, 정책이 수정되면서 법안으로, 예산으로 결과물이 반영되었다.

그러나 국민의힘으로 일하게 된 것을 곱지 않은 시선으로 보던 민주당 동료들은 내가 준비한 질의서와 기사, 법안에 대해 이렇게 비난했다.

"전에 민주당에 있을 때는 다르게 말했잖아? 일종의 변절 아냐?"

나는 침착하게 같은 문제를 두고 당시에는 민주당의 경로였지만, 지금은 국민의힘의 경로를 택한 이유를 데이터와 상황 변화로 설명했다. 불편한 시선은 조금씩 누그러졌다. 그때 '때로는 천 마디 말보다 장표 한 장이 더 큰 무게를 가진다'는 걸 깨달았다.

2024년 제22대 국회의원 선거를 앞두고 나의 당적 이동은 더 민감한 주제로 부상했다. 그동안 민주당 시절의 나와 겨뤘던 국민의힘 보좌진과 당직자들은

'당신이 정말 우리 편 맞냐?'라는 질문을 노골적으로 던졌다.

나는 과잉 충성을 피하고, 일관된 작업물로 답해야만 했다. 먼저 당내 경선부터 논평과 보도자료, SNS 업무를 도맡았고, 이를 하나의 세트로 묶어두었다가 국민의힘이 필요로 할 때 공유하면서 결과물을 내놓았다. 구조는 간단했다. 문제를 국민의힘 시각으로 정의하고, 필요한 데이터를 모아 해법을 제시하는 구조였다. 반복되는 산출물은 나를 '과거에는 민주당에 있었지만 지금은 신뢰할 수 있고, 예측 가능한 사람'으로 만들었다.

그러나 너섭객잔의 소문은 빨랐고, 피할 수 없었다.

"박윤수 비서관, 민주당 보좌진이나 당직자들과 수시로 연락한다던데?"

사실이었다. 선을 넘지 않는 선에서 각자 정보 교환을 해야 전쟁의 양상을 예측할 수 있고, 실제로 승리할 수 있기 때문이다. 하지만 나는 그때마다 사전에 의원실과 당직자들에게 보고했고, 무슨 이야기를 했는지 그 기록까지 공유했다. 그 투명성이 불필요한 오해를 막았다. 선거 캠프에서 가장 강한 무기는 목소리가 아니라 기록이다.

총선 과정에서 TV토론회를 앞두고 지역구의 핵심 사업을 주제로 양당 간 치열한 공방이 오가면서 문제가 커진 적이 있었다.

민주당 후보는 '이 사업은 그동안 국민의힘에서 해결하겠다고 주장했지만 현재까지 진척이 없으므로, 민주당 후보가 당선되어야만 진짜 해결할 수 있다'고 유권자들에게 어필했다.

나는 프레임을 바꿔보자고 제안했다. '국민의힘이든 민주당이든 정당이 해결할 수 있는 사업'이 아니라 '지역의 의료 안전과 경제를 위해 양당이 힘을 모아야 할 사업'이라고 프레임을 바꾼 것이다. 이를 주제로 보도자료와 논평을 만들었고, TV토론회 당시 의원님의 조리 있는 대답을 유튜브 쇼츠로 만들었다.

반응은 빨랐다. 민주당 후보는 태도를 바꿔 해당 사업을 더는 공방의 주제로 삼지 않고 협력해야 한다는 언론 인터뷰를 하기 시작했다. 그때 배웠다. 지역구의 핵심 사업을 비롯해서 정부 정책에 묻은 '정당의 파란색이나 빨간색'은 결국 프레임 전환으로 뚫을 수 있다는 것을.

정당 이동은 언제나 냉혹한 심문을 부른다. 그러나 경험으로 알게 됐다. 가혹하리 만큼 심한 정치권의 심문은 결국 '사상검증'이 아니라 '위기예측'이다. 위기 상황에서 탑승하려는 자가 내부 총질 하지 않고 협력하면서 같은 배를 탈 수 있는지 확인하는 절차다. 그리고 그 답은 선언이나 거창한 순혈주의가 아니라 작업으로, 말이 아니라 결과물로 증명한다.

물론 오늘날같이 양당의 정쟁이 심화하는 상황에서 민주당에서 국민의힘, 국민의힘에서 민주당으로의 정당 간 이동은 불가능에 가깝다. 비상계엄의 상처도 아직 아물지 않았다.

보수와 진보에 대한 각자의 선입견은 존재한다. 그런데 여야를 경험해보니 의외로 보수 계열은 개방적이고, 민주 계열은 보기보다 폐쇄적이다. 그러나 여의도, 국회는 너섬, 그리고 객잔이다. 간판이 바뀌고 어떤 손님이 드나들어도, 남는 건 내가 쌓아온 작업의 무게다.

누군가는 오늘도 묻는다.

"사람이 바뀐 거냐, 역할이 바뀐 거냐."

그리고 나는 대답한다.

"나는 역할을 옮겼다. 결과로 증명하겠다."

간판이 바뀌고 어떤 손님이 드나들어도, 남는 건 내가 쌓아온 작업의 무게다

10. AI 시대를 맞이하는 국회

오픈AI의 '챗GPT'가 출시된 이후, 국회의 일하는 방식이 빠르게 변화하고 있다는 이야기를 들었지만 보좌 직원으로 근무할 당시에는 잔업이 바빠서 어느 정도 수준 일지에 대해 깊게 고민해 본 적이 없었다.

모시는 의원님들의 SNS 홍보나 각종 축사, 질의서 등을 작성할 때 꽤 도움이 된다는 이야기를 듣긴 했지만, 개인이 일에 대해 진지하게 임하지 않고 '기술의 힘'을 무분별하게 빌리는 것 같아 거부감이 들었던 것이다.

보통 의원실에서는 신입 직원이 선배 보좌진으로부터 여러 기술과 노하우를 일대일로 전수받는 도제식으로 가르침을 받는다. 9명 남짓한 소수의 직원들이 의원실을 운영하고 있기 때문이기도 하지만, 회계를 다루는 행정 비서관과 운전을 담당하는 수행 비서관을 제외하면 여러 이해관계가 섞인 국가 정책을 사전 지식 없이 일개 개인이 손쉽게 배우기란 불가능에 가깝기 때문이다.

물론 배움의 수단은 다양하게 존재한다. 국회 사무처가 운영하는 각종 신입 보좌 직원 교육을 온라인 수강할 수 있고, 조금만 노력한다면 각종 상임위원회나 언론 기사를 통해 모시는 의원님의 성향과 주요 발언, 정책을 채집해서 쓸만한 '페이퍼'로 만들 수 있다. 그러나 모든 초보 보좌진이 스마트하게 업무를 익히고 적응할 수 있는 것은 아니다.

폐쇄적이고 연공 서열적인 분위기가 강하게 남아 있는 국회의원실에서 선배 보좌진의 도움 없이 업무를 해내기란 어렵다. 이런 이유로 수많은 국회 보좌진이 입법 보조원이라는 형태로 단기간 국회의원실을 경험하고, 인턴비서관으로 1년 남짓한 기간을 근무한 다음 9급 비서관으로 업무를 시작하는 것이다.

더불어민주당이 제21대 국회에서 압도적으로 의석을 차지하면서 부터 작은 변화가 시작됐다. 시민 단체나 언론, 민간 기업 등에서 근무하던 분들이 보좌진으로 임용되는 경우는 이전에도 종종 있었지만 그 규모가 더욱 커졌고, 입법보조원→인턴을 거쳐 9급 비서관이 되는 구조가 변화하기 시작했다.

무엇보다도 이제 급수를 막 달아 일을 하나둘 배워야 하는 낮은 직급의 보좌 직원들 뿐만 아니라, 여러 선거 캠프에서 공신으로 역할을 했지만 국회 경험이 전혀 없는 인원이 4급 보좌관과 5

급 선임 비서관 직급으로 파격 승진 되는 사례가 다수 나오기 시
작했다.

파격 승진한 여러 보좌진들은 업무에 빠르게 적응하면서 결과를
내기 위하여 경험이 풍부한 기존의 선배들과는 다르게 새롭게 도
입된 기술을 적극 이용해야만 했다. 챗GPT를 필두로 제미나이, 퍼
플릭시티 등 각종 AI 서비스에 모시는 국회의원님의 여러 자료와
국회 사무처에서 생산하는 정책 데이터를 입력하여 필요한 자료를
뚝딱 만들었다. 깊이 있는 논의로 들어가거나 정무적인 판단이 필
요할 때를 제외하고 AI 서비스는 이제 쓰지 않으면 이상한, 보좌진
에게 필수적인 서비스로 자리 잡게 됐다.

국회 또한 이러한 시류에 맞춰 국회 직원을 위해 '세상을 보는
눈, 아르고스'라는 서비스를 런칭했다. 아르고스는 다양한 의회
정보와 뉴스 및 소셜미디어 자료를 종합하여 분석하고 쓸만한
자료를 빠르게 만들어낸다. 의원님의 '톤 앤 매너'에 맞춰 축사
를 작성해주기도 하고, 정책 모니터링, 법률의 제·개정 정보, 각
종 상임위원회 회의록 등을 히스토리 형태로 볼 수 있다. 무엇보
다도 바쁜 국정감사 시즌에 맞춰 각 상임위원회별로 주요 이슈
키워드를 리플릿으로 발간하고 제공해준다.

국회를 그만두기 전, 우연한 기회로 만난 국회 도서관 직원을 통

해 '아르고스'의 주요 서비스를 이용할 때 들었던 감정은 '공포'였다. 언젠가 AI에게 나의 일자리를 빼앗길지도 모른다는 두려움이 가장 컸다.

그리고 급변하는 AI 시대에 대응하기 위해 국민을 위한 정책을 공부하고 새로운 방향을 제시할 준비는 하지 않고, 소모적인 정쟁만 몰두하는 것처럼 보이는 현재 정치현실에 두려움을 느꼈기 때문이다.

업무의 영역으로 생각해보자면 AI 서비스가 탄생하기 전, 축사 한 장을 작성하기 위해 얼마나 많은 초안을 고쳐야 했던가. 질의서 한 부에 들어가는 장표 하나를 만들기 위해 얼마나 많은 정부 부처 담당자들과 싸워서 데이터를 받아야 했던가. 그리고 단독 기사를 내기 위해서는 최소 5년부터 최장 10년까지 달하는 정책 데이터를 분석하고 의미를 만들어야 했다.

여기에 더해, 우리 사회를 바꾸는 제정 법률안이나 개정 법률안을 만들기 위해 국회의 의안정보시스템을 드나들면서 전문 위원들의 검토보고서를 들여다보고 치밀한 논리를 만들어 법률안을 만들어야 한다. 그렇게 만들어 낸 법률안도 국회 법제실과 다양한 이해관계자들의 의견을 들어 고치고 또 고쳐야한다. 그럼에도 석연치 않은 정무적인 이유로 법률안은 좌초되기도 한다.

그런데 이제는 명확한 프롬프트 입력과 몇 번의 검증만 거치면 순식간이다. 국회의원의 권력 중 하나인 각종 법률안 발의 때 의원님의 '결재'를 받는 행위만 남을 뿐, 법률안 초안 작성과 결재에 준하는 의견 조회 준비 과정 등은 대폭 축소될 것이다.

나와는 달리 AI 시대를 환영하는 보좌직원들도 있다. 예를 들어 포토샵이나 영상 편집 프로그램을 능숙하게 다루는 홍보 비서관들의 경우 업무가 조금은 편해질 것으로 보인다. 어느 순간부터 유튜브에 혈안이 된 '관종' 국회의원들의 영향으로 과하다 싶을 정도로 생산되는 유튜브 쇼츠에 학을 뗀 보좌 직원들의 이야기를 들어보면 그전보다 빠르게 결과물을 만들어낼 수 있어서 만족하는 눈치였다. 물론 그들의 상사가 더 빠르게 생산될 작업물에 만족하지 않고, 더 다양한 버전의 홍보물을 내놓으라고 할 수는 있겠다.

AI 시대가 다가오는 국회에서 언젠가는 선배들로부터 도제식으로 배웠던 기술과 노하우가 역사의 뒤안길로 사라질 것이고, 어쩌면 기술에 친숙한 국회의원이라면 보좌 직원 자체를 고용할 필요가 없어질 것이다.

이에 더하여 AI 시대를 맞이한 요즘 국내외 기업은 그 기업의 가치 평가 지표로 '1인당 매출' 또는 '1인당 기업 가치'를 중요하게 여기기 시작했다고 한다. 기업이 얼마나 직원을 고용하고 연 매출이 통째로 얼마인지 따지기 보다 현재 고용하고 있는 직원 의 '1인당 퍼포먼스'를 냉혹하게 따지는 것이다.

전문가들의 견해를 더 따져보면 앞으로는 AI툴을 능숙하게 다 루는(혹은 다룰 줄 알아야 살아남는) 개개인이 맡은 업무에 대한 '관리자'가 되는 시대고, 과거 대량 생산 시스템을 지탱했던 '구 식 관리자'의 필요성이 모호해진다.

결국 AI 시대를 맞이하는 국회에서도, 회계와 수행 담당 비서 관들을 제외하고는 '구식 관리자'에 해당하는 4급 보좌관과 5급 선임비서관의 자리가 위협 받을 것으로 생각한다. 적어도 페이 퍼 한 장 쓰지 못하면서 아래 직급 부하 보좌진들에게 업무를 전 가하고, 정부부처나 기업들에게 갑질을 일삼는 나쁜 평판을 가 진 관리자라면 사라질 게 분명하다.

언젠가는 분명히 맞이할, 'AI 시대'가 국회로 성큼성큼 걸어오 고 있다. 보좌진을 꿈꾸거나 현직으로 근무하는 보좌진에게 앞 으로 다가올 'AI 시대'는 축복일까 아니면 재앙일까?

다가오는 AI 시대는 국회 보좌진에게 축복일까 아니면 재앙일까?

너섬객잔을 나가며

　너섬, 한때 쓸모없던 이 섬은 지금은 객잔처럼 수많은 사람들을 유혹합니다. 저는 이곳 국회에서 수많은 인연을 맺었고, 또 수많은 실망과 한계를 배웠습니다. 특히 국회의원을 위해, 제가 몸담은 정당을 위해 근무하다 보니 한 발짝 물러나 객관적으로 평가해보거나 생각하기가 참 어려웠습니다. 이렇게 국회를 떠나 책 원고를 쓰며 밖에서 바라보니 아주 조금, 무언가 보이는 것 같습니다. 그래서 이 책은 제가 근무했던 국회에서의 기록을 비판적으로 돌아보는 것이기도 하지만, 동시에 반성하는 자세로 '좋은 정치'란 무엇일지 새로운 질문을 던지고 답을 찾는 과정이기도 합니다.

　지난 2019년에 방영된 드라마 〈보좌관〉의 영향으로 국회의원 뿐만 아니라 그들과 운명 공동체인 보좌진에 대한 국민적 관심이 예전에 비해 커진 것 같습니다. 그러나 정보통신의 발달로 유권자와 더욱 가까워진 요즘, 정치권의 이미지는 안타깝게도 매우 부정적입니다. 진영의 논리에 의해 합리적인 개인은 사라지고, 때로는 인기에 영합하기 위해 정치인들이 욕설에 가까운 막말을 쏟아냅니다. 저도 국민의 한 사람으로서 이러한 모습에 절망감을 느낍니다.

여의도 정치판에서 여러 해를 보내며, 저는 우연과 운의 순간을 틈타 여당과 야당을 모두 경험했습니다. 민주당과 국민의힘, 진보와 보수, 권력의 흐름 속에서 자리를 옮겨 다니며 제가 본 것은 정치 집단이라는 구조 속에 파묻히는 힘없는 개인이었고, 반복되는 정쟁과 후진적 관행이었습니다. 그리고 그 안에서 저는 웃음을 지어야 할 순간보다, 차라리 눈을 감고 싶은 순간이 훨씬 많았다고 생각합니다. 또한 제 자신이 일종의 가해자이자 공범으로서 부정적인 역할을 수행했던 것은 아닌지 반성하는 마음도 갖게 되었습니다.

윤석열 정부가 출범하던 날, 어딘지 춥고 어색했던 새벽의 공기를 아직도 생생하게 기억합니다. 그때에도 검찰 개혁을 비롯한 사법 개혁을 부르짖는 여야의 정쟁은 한 치의 양보도 없었고, 서로를 범죄자로 헐뜯던 국회는 전장(戰場)이나 다름없었습니다.

윤석열 정부와 여당이었던 국민의힘은 이재명 당시 당대표를 범죄 혐의자로 보고 국정 운영의 파트너로 여기지 않았던 것 같습니다. 민주당도 가만히 있지 않았습니다. 제22대 국회의원 선거에서 180석이 넘는 거대 범진보세력을 구축한 더불어민주당은 김건희 여사의 명품 뇌물 수수 및 주가조작 의혹, 서울-양평 고속도로 노선 조작 의혹, 해병대 제1사단 채수근 상병 사망 사고 등을 고리로 적극적인 공세에 나섰고, 행정안전부장관을 비롯한 주요 공직자의 줄탄핵을 강행 처리했습니다.

　무한히 반복되는 정쟁의 소용돌이 속에 몰지각한 일부 언론이 양 세력의 강성 당원을 부추기고 있고, 이에 따라 정치인은 소신과 품격을 잃고 목숨을 위협받는 처지에 놓였습니다. 2024년 1월 초 이재명 대통령이 더불어민주당의 당대표였던 시절 부산을 방문했을 때, 그는 '내가 이재명'이라는 글귀가 적힌 파란 종이 왕관을 쓴 김모 씨의 흉기에 목숨을 잃을 뻔하기도 했습니다. 전문가들은 김모 씨가 제출한 '8쪽짜리 변명문'을 두고 자신의 행위가 사회 정의를 실현하기 위한 것으로 착각하는 '확신범 유형'에 속한다고 분석했습니다.

　이 사건 이후 12·3 비상계엄과 탄핵국면, 대선으로 이어지는 과정에서 끊임없이 테러와 암살 위협을 받은 이재명 대표는 대선 기간 중 3kg이 넘는 방탄복을 입은 채 방탄유리막 뒤에서 유세를 이어가야만 했습니다. 그리고 이재명 정부 출범 이후, 이제는 국민의힘 장동혁 당대표에 대한 신변경호가 필요하다는 목소리가 나오고 있다고 합니다. 상대를 향한 지지층의 분노를 정치적 동력으로 삼는 적대적 공생 속에 갈등을 조정하고 봉합하는 정치 기능은 실종되고, 정치가 혐오와 갈등을 확대·재생산하는 악순환이 반복되고 있는 것입니다.

　저는 민주당 보좌진으로서, 때로는 국민의힘 보좌진으로서 서로 다른 진영의 구호와 프레임을 가까이서 목격했습니다. 그러나 옷만 바뀌었을 뿐, 우리 정치의 본질은 같았습니다. 승리와 복수, 방어와 공격이 끝없이 반복되었습니다.

　특히 국가정보자원관리원의 화재로 국가 기능의 일부가 마비되었을 때, 국회는 원인을 밝히고 대책을 세우기보다 책임 공방에만 몰두했습니다. 이 과정에서 국가전산망 장애를 담당하는 공무원이 돌아가시는 안타까운 일도 발생했습니다.

　이렇게 국민이 혼란에 빠져있을 때, 여당의 지위를 되찾은 더불어민주당은 사고의 근본적인 원인을 전임 윤석열 정부 탓으로 돌렸습니다. 이중 정쟁의 최전선에 서 있는 민주당 법사위원들은 화재로 국가 행정이 마비되었을 때, 조희대 대법원장의 국회 청문회 출석을 강조하며 동행 명령 발부 등 강경한 조치를 검토했습니다. 별개의 일이라고 치부할 수도 있을 것입니다. 그러나 일반적인 국민 대다수는 우리 정치가 정쟁을 잠시라도 멈추고, 민생과 직결된 문제 해결에 더 집중하고 힘쓰기를 바라지 않았을까요?

　2년 동안 몸담았던 국민의힘에 대해서도 아쉬운 것은 마찬가지입니다. 비상계엄이라는 극단적인 수단을 쓸 수 없도록, 윤석열 전 대통령 부부의 치부와 실수를 강력히 경고하고 막을 수 있었던 순간이 몇 번 있었다고 생각합니다. 그러나 국민의힘은 윤석열 정부가 여러 차례 기사회생할 수 있던 혁신을 스스로 좌초시켰고, 자진해서 파멸할 때까지 제 역할을 해내지 못했습니다. 비상계엄 이후에도 그 흔한 '당명 바꾸기'조차 재빨리 하지 않았고, 국민이 납득하기 어려운 실언들이 당 내부에서 반복되고 있으며, 그것이 중도층 및 건전한 보수의 신뢰를 깎

아내리고 있는 것은 아닐까요?

저는 두 당 모두를 경험하면서 깨달았습니다. 결국 민주당이든 국민의힘이든, 상대를 비판할 때는 날카롭지만 스스로를 돌아볼 때는 한없이 관대합니다. 당의 이념은 다르지만, 정치의 후진성은 어느 당이든 크게 다르지 않습니다. 정치는 상대를 무너뜨리는 기술이 아니라, 국민에게 필요한 것을 제때 제공하는 가능성의 예술이어야 하는데 말입니다.

그렇다고 정치가 완전히 무가치하다고 말할 수는 없습니다. 때로는 국정감사장에서 밝혀낸 작은 진실이 국민과 개인의 삶을 바꾸기도 했고, 한 장의 사소한 자료가 오래 묵은 잘못된 제도의 허점을 고치고 메우기도 했습니다. 그리고 국회에는 아직 자신의 소신과 민심, 당심 사이에서 치열하게 고민하며, 건전한 사회를 위해 사명을 다하는 국회의원과 보좌진이 다수 근무하고 있습니다. 그들에 대해 자세히 쓰고 싶었지만 망설임이 더 컸습니다. 함께 일했던 국회의원과 동료들에게 허락을 구한 것도 아니고, 좋은 의도로 시작한 일이 반드시 좋은 결과로 이어지지 않음을 알고 있기 때문입니다.

문재인 정부에서 윤석열 정부로, 그리고 현재의 이재명 정부로 이어지는 동안, 정쟁의 격화와 정치의 후진성은 더 선명해지는 것 같습니다. 그러나 이 씁쓸함을 책이라는 형태로 남기는 이유는 우물 안 침 뱉

기나 대안 없는 비판이 아닙니다. 언젠가 대한민국의 정치가 제 자리를 찾을 수 있도록, 우리가 어디서 잘못되었는지를 대한민국의 청년으로서, 젊은 보좌진 출신으로서 자성하며 활자로 남기고 싶어서입니다.

그래서 저는 이 책의 마지막에서 이렇게 고백합니다. 저는 제3지대를 시작으로 민주당과 국민의힘, 여당과 야당을 모두 거쳤지만, 어디서도 완벽한 답을 찾지는 못했습니다. 다만 배운 것은 있습니다. 정치가 국익과 국민을 향하지 않는 순간, 그것은 이미 정치가 아니라 권력놀음일 뿐이라는 것입니다.

무엇보다도 너섬객잔의 주인은 국민이지만 객잔의 운영권은 국회의원, 보좌진, 당직자, 기자 등에게 있다고 생각합니다. 주인은 민주적인 성격의 소유자지만, 보수적인 면모를 동시에 가졌으며, 가끔 극우적이거나 극좌적인 성향을 보일 수도 있습니다. 따라서 객잔의 운영권을 일시적으로 위탁받은 이들은 주인의 심기를 면밀히 살펴 읍소하고 건의해야 합니다.

그러나 운영권을 쥔 일부가 서로 다른 생각을 가진 이들과 싸우기만 하고, 주인의 뜻을 왜곡하여 객잔을 독선적으로 운영한다면 언제 객잔에서 쫓겨날지 모릅니다. 무엇보다 우리 모두 여의도에 잠시 머무는 객(客)에 불과하다는 사실을 결코 잊으면 안 될 것입니다.

이 책의 원고를 작성하는 2025년 11월을 기준으로, 곧 이재명 정부가 출범한 지 6개월이 됩니다. '12·3 계엄의 밤' 이후 우리 국민이 가장 기대하는 시대적 과제는 분열된 사회를 치유하고 민주주의를 회복하는 것 아닐까요?

이에 호응하듯 이재명 대통령은 취임 당시 'K-민주주의'를 강조하며 '분열의 정치를 끝낸 모두의 대통령'이 되겠다고 하셨습니다. 부디 이재명 정부와 더불어민주당이 민주적 가치와 원리를 제대로 구현하고, 국민의힘을 비롯한 야당의 목소리에 귀 기울이면서 상생과 존중의 정신을 되찾길 기도합니다. 국민의힘 또한 지난 '12.3 계엄의 밤' 당시 한동훈 당대표와 18명의 국회의원들이 계엄 해제 표결에 참여한 것을 자랑스럽게 여기고 재창당 수준의 창의적이고 파괴적인 혁신을 이뤄나가길 바랍니다.

원고를 마무리하고 어떻게 출판해야 할지 머뭇거리던 제게 귀 기울여주고, 손을 내밀어주신 하움출판사 분들에게 고마운 마음을 전합니다. 추천사를 맡아주신 대한민국헌정회 정대철 회장님께도 깊은 감사의 마음을 전합니다. 또한 꼼꼼하게 원고를 검토해 준 이소현 전 비서관과 김효은 대변인님, 그리고 위태롭지만 자신의 길을 걸어가고자 애쓰는 저를 걱정해주시는 조부모님과 부모님께 감사드립니다. 무엇보다 저와 함께 일해주신 국회의원, 보좌진, 기업 동료들에게 감사드립니다. 저는 여러분들의 곁에서 성장했고 힘겨웠지만 나름 보람을 갖고 즐거

운 국회 생활을 보낼 수 있었습니다.

너섬객잔을 나서며, 언젠가는 여야 구분 없이 풍운의 뜻을 품고 여의도에 모인 손님들이 '따뜻한 국밥' 한 그릇에 마음과 정을 나누는 날이 오길 희망합니다. 또한 국민의 다양성을 반영하는 K-다당제를 실현하여 소외되는 국민 없이 국회의원들이 모두의 대표자가 되어 상생의 정치로 대한민국의 밝은 미래를 펼쳐나가길 소망합니다.

저는 여전히 정치의 가능성을 믿고 이 질문을 품습니다.

"정치란 무엇이어야 하는가? 어디로 나아가야 하는가?"

정치가 완성된 답이 아닌, 끊임없는 대화이자 미완의 여정이라면 우리는 어쩌면 그 길 위에서 이미 답을 찾아가고 있는지도 모릅니다.

너섬객잔

1판 1쇄 발행 2026년 1월 9일

지은이 박윤수

편집 이새희
마케팅·지원 이창민

펴낸곳 (주)하움출판사 펴낸이 문현광

이메일 haum1000@naver.com 홈페이지 haum.kr
블로그 blog.naver.com/haum1000 인스타 @haum1007

ISBN 979-11-7374-264-4 (03340)